知っておきたい

二酸化塩素の基礎と実例

― 用途・安全性・化学的概要 ―

丹羽一郎 [著]

化学工業日報社

まえがき

　二酸化塩素が世界的に知られるようになったのは、1964年に世界保健機関（WHO）の技術報告書シリーズNo. 281に「食品添加物並びにそれらの毒性評価のアイデンティティと純度のための評価」として食品添加物のFAO/WHO委員会共同の7番目のレポートとして発表されたのが最初ではないかと思います。

　特にその中でWHOは広範囲にわたる世界の人々の健康の疑問に関連するプログラム：伝染性および慢性の変異疾患、放射性および同位性、母子の健康、メンタルヘルス、歯科衛生、獣医学的国民の健康、社会的および職業的健康、栄養学、養護学、環境衛生、公衆衛生、行政、専門教育およびトレーニングそして人々の健康教育をも含んだ上で判定し、結論付けていました。

　そうした中でWHOは、第7報告書として二酸化塩素を開示し、以下のように定義付けて発表していました。

同意語：　　塩素（Ⅵ）酸化物、塩素化酸化物
化学式：　　ClO_2
分子量：　　67.45
定義付け：　二酸化塩素は小麦粉の特用漂白剤として亜塩素酸塩によって塩素の作用によりあるいは塩素酸塩によって硫酸の作用とにより製粉所で作られている。最高25％の遊離塩素を含む独特の臭いを持つ黄緑色のガスである。そして製粉所で二酸化塩素を発生さ

せ、直ちに空気と混ぜ合わせて作られるものである。

　もちろん、WHO においては確認試験法、生物学的データ、化学データおよび生物学的可能性等に至るまで論じていました。
　そして二酸化塩素は現在、世界中が認めた殺菌消毒剤となり、且つ、消臭／脱臭剤となり、近年問題視されているトリインフルエンザ・ウイルス等インフルエンザをはじめとして、世界中を震撼させているコロナウイルスに至るまで、またバクテリア、ウイルスのみならず、毛瘡白癬菌等カビ類にまで効力を発揮する「殺菌剤」、「殺ウイルス剤」であり「消毒剤」として認められてきたのです。さらに二酸化塩素は民間航空機内の飲料水の消毒と共に乗客を降ろした後の機内の消臭並びに消毒に使用されるべく一部特定製品が二酸化塩素水溶液として IATA（International Air Transport Association；国際航空運送協会）に認証される等広く採用される化学製品となったのです。
　それは、これまでの塩素消毒で見られた「トリハロメタン等の生成がない」ことが証明されていることなどの他、一般に市販されている消臭剤のように「臭気を消すと言いながら、その実、科学的な香りをマスキングすることで臭いを除去するという商品とは根本的に異なり、化学的に臭いを分解して脱臭する」ことがわかっているからです。
　2001 年 2 月にアメリカ・ネバダ州ラスベガスに於いて催された「二酸化塩素に関する国際シンポジウム」[1] で議論された以下の主な議題についてもそれぞれ納得のいく結論が出されていること等か

ら安心して一般家庭から工業関連に至るまでの全ての用途・目的において採用することができるとされています。

国際シンポジウムで議論された主なる議題

- 水の消毒における後天的病について
- 家庭内をも含めての悪臭制御の問題
- クリプトスポリジウムについて
- レジオネラ汚染の制御
- バイオフィルムの制御について
- 生殖への影響
- 消毒剤使用における副生成物の問題点
- 土壌への影響（環境問題の解決）等ほか

ところで二酸化塩素の生成は、我が国でも知られているように塩素酸から二酸化塩素を得るための還元に亜硫酸ガス、メタノールあるいは電解還元法が用いられています。特に現在パルプ工場等で実用化されている発生法だけでも、亜硫酸ガスを還元剤とするマチソン法、新マチソン法、ホルスト法、NJCC法、CIP法、メタノールを還元剤とするソルベー法、塩酸によるケスティング法、食塩、塩酸を還元剤とするR-2法、SVP法、R-3法と幾つもの生成法が採用されています。一方、ヨーロッパではケスティング法が多く、アメリカではマチソン法、R-2法、SVP法、R-3法が主であったが、近年、廃酸を出さないようにするためSVP法またはR-2法を採用する工場が増えていると伝えられています。

二酸化塩素ガスの生成法、さらにはガスの移動テクニック、副生成物の最小減化等の技術ももちろん重要ですが、私共（バイオサイド・グループ）、一般人にとってはこのようなことより、真の意味として二酸化塩素製剤の「効能効果」、「安全性」即ち「毒性試験」そして「安定性」等の証明が重要だと考えています。特に前述の通り、近年問題視されている「インフルエンザウイルス」に始まるウイルスコントロールの問題からしても『殺菌』『脱ウイルス』等『消毒剤』としてのまた「消臭／脱臭」等の実際の用途に応じて知ることが重要かと思います。

　従って先ず最初に二酸化塩素の実際の使用・用途から筆を進め、その後、効能効果等に関わる化学的項目を最後に本項をまとめてみました。

目 次

まえがき

第1章 二酸化塩素の用途 ………………………… 1

1．消臭／脱臭 ………………………………………… 1
2．水道水への応用 …………………………………… 5
　（1）安定性 ……………………………………… 6
　（2）酸化力 ……………………………………… 7
　（3）消費量 ……………………………………… 7
　（4）残留性 ……………………………………… 8
　（5）要求量 ……………………………………… 8
　（6）その他の特徴 ……………………………… 8
3．遊泳プール、温浴施設への応用 ………………13
4．クーリングタワー等への応用 …………………19
5．食品関連への応用 ………………………………26
6．農業関連への応用 ………………………………53
7．工業用用途 ………………………………………61
　（1）バイオフィルム・コントロール …………63
　（2）廃水処理への活用 …………………………71
　（3）環境保護への最適なサニタイザー ………78

8. 医療関連への活用 …………………………… 86
　　（1）総合的医療用用途 ………………………… 86
　　（2）コロナウイルス …………………………… 94
　　（3）動物用医薬品 ……………………………… 96

第2章 二酸化塩素の本質 …………………… 99

第3章 二酸化塩素の安全性 ………………… 103

第4章 二酸化塩素の化学的概要 …………… 127

第5章 二酸化塩素溶液の活性化並びに活性剤との相性 ……………………… 143

第6章 二酸化塩素製剤とその測定について ……………………… 149

第7章 二酸化塩素の実用化 ………………… 155
1. 二酸化塩素溶液の効能効果 ……………… 155

参考資料 ………………………………………… 163

あとがき

第1章
二酸化塩素の用途

1. 消臭／脱臭

　二酸化塩素水溶液は専門家の間で、「ある特定空間に限らず散布された二酸化塩素分子が気化し、悪臭を吸収しているクラックや裂け目の中にまでこの ClO_2 分子が侵入して臭いを消す」と信頼されていることを再確認しておきたい。そしてその理由をしっかりと掴んでおくことである。このような反応は、化学物質中アンモニアを除くあらゆる悪臭を発生する物質から脱臭時間に長短はあるものの（また3頁の表に示す通りに脱臭能力に優劣はあるものの）脱臭できると言われている。即ち、二酸化塩素水溶液は米国環境保護庁（EPA）等によって安全性等について証明されているばかりではなく、「消臭／脱臭」の化学的メカニズムまで完全に証明されているからに他ならない。

　このような反応における「化学反応式」のいくつかを以下に示すが二酸化塩素水溶液は、例えば、アルデヒド製品の場合は、カルボン酸へと酸化していき、アルコール類はアルデヒド中で酸化し、次いで、カルボン酸へと酸化し反応していく。また芳香環は、酸化す

る際に分離（ブレーク）していくことで知られている。化学反応式について一例を挙げるとすれば、例えば、悪臭防止法に規定された悪臭の代表格である腐ったタマネギの臭い「メルカプタン」(R-SH) は：

$$2ClO_2 + 2R\text{-}SH + 2OH^- \rightarrow 2ClO_2^- + R\text{-}S\text{-}R + 2H_2O$$

$$4ClO_2 + 4OH + R\text{-}S\text{-}S\text{-}R \rightarrow R\underset{\underset{O}{\|}}{\text{-}S}\underset{\underset{O}{\|}}{\text{-}S}\text{-}R + 4ClO_2^- + 2H_2O$$

$$2ClO_2 + 4OH^- + R\underset{\underset{O}{\|}}{\text{-}S}\underset{\underset{O}{\|}}{\text{-}S}\text{-}R \rightarrow 2RSO_3^- + 2H_2O$$

これが全面的な反応を生む、つまり：

$$4ClO_2 + 5OH^- + R\text{-}SH \rightarrow 4ClO_2^- + RSO_3^- + 2H_2O$$

もしそうでなければR-SHは、有機スルホン酸塩の一種であるR-SO_3^- となる。また実際において中和は、「pH5 − 9の間で最低ClO_2を重量換算した4.5パーツでもってメルカプタン1パーツをスルホン酸へと酸化できる」ことも明らかにされている。

このような化学的な証明がなされているため、例えば、<u>洪水の後あるいは火災後の室内の臭いの処理など消臭に濃度1,000ppm程度の二酸化塩素溶液を50㎥/L噴霧することで臭いが消えるばかりではなく、バクテリアによる汚染も制御できる</u>とされているわけである。

またクロロフェノールの味と臭いを発生させることなくフェノールを除去していくが、これは**第4章「二酸化塩素の化学的概要」**で触れているようにその反応の大要は、除去すべきフェノールの1g当たりに対してClO_2 1～1.7gの濃度で15分ほどの接触で良い結果が得られる。

　しかし、二酸化塩素溶液といえども万能ではない。即ち、二酸化塩素水溶液の悪臭に対する能力を以下に示す。

アンモニア	トリメチルアミン	メチルメルカプタン	硫化水素	硫化メチル
刺激臭	腐った魚の臭い	腐ったタマネギの臭い	腐ったタマゴの臭い	腐ったキャベツの臭い
×	△	○	◎	◎

なお、現在我が国の「悪臭防止法施行令」第1条では悪臭を以下のように区分されている。

◎悪臭防止法に規定された特定悪臭物資

悪　臭　物　質	臭　い　の　特　徴
アンモニア	刺激臭
硫化水素	腐ったタマゴの臭い
硫化メチル	腐ったキャベツの臭い
トリメチルアミン	腐った魚の臭い
二硫化メチル	ニンニクのような臭い
アセトアルデヒド	刺激臭
スチレン	刺激臭

1．消臭／脱臭

その他「悪臭防止法」では以下のような物質を挙げている：

プロピオンアルデヒド	メチルイソブチルケトン
ノルマルブチルアルデヒド	トルエン
イソブチルアルデヒド	キシレン
ノルマルバレルアルデヒド	プロピオン酸
イソバレルアルデヒド	ノルマル酪酸
イソブタノール	イソ吉草酸
酢酸エチル	メチルメルカプタン
ノルマル吉草酸	

　このような悪臭に対する「消臭／脱臭」にはスプレータイプの噴霧器等を用いるのが一般的である。しかし、冷蔵庫、玄関の下駄箱あるいはトイレ、さらには押し入れなどに適用する場合には、製品をゲル化するなどして用いるのが適切である。但し、二酸化塩素溶液を用いたゲル剤から蒸散するClO_2ガスは空気より重いことに留意が必要である。

　二酸化塩素液水溶液を用いた消臭／脱臭には、上述したように一部の物質には不適切ではあるが、凡そ「多目的消臭剤」として使用できる。一般的な用途として、家庭内および会社事務所等のトイレ、玄関、浴室、押し入れあるいは冷蔵庫内の消臭、更には車の消臭等と様々な場所で適用されており、その他下記のような適用が考えられる：

　※ホテルなどのベッド、室内の殺菌

※輸送用コンテナ内の環境浄化
　※養鶏場や動物舎の殺菌
　※給食センター、移動車あるいは保管庫内の制菌
　※航空機内の客室乗務員（キャビンアテンダント）の汚物の殺菌、消臭としての保護用スプレー
　※タクシーのみならず個々人の車内あるいは人々の移動用車内の制菌、消臭
　※女性生理用品の制菌並びに消臭
　※飲食店等の調理場を含めた現場の制菌と消臭
　※スポーツセンター等のロッカー内の制菌、消臭
　※老人ホームあるいは養護施設等の制菌、消臭
あらゆる方面での使用に期待がかかる。

2. 水道水への応用

　使い易さと使用コストの二つの利点により次亜塩素酸ナトリウム（あるいは高度サラシ粉および塩素ガス）が長い間「飲料水」の消毒剤として使われてきた。しかし1980年代初期に至り、塩素消毒に際して発生する"トリハロメタン"が原因となる「発ガン性」の問題が表面化し、安全性への提起がなされるにおよび、これら塩素剤の「飲料水の消毒のためへの使用」という長い歴史が終わりを告げる事態となった。

　我が国においても、1986年に厚生労働省が社団法人（現 公益社団法人）日本水道協会に対して「消毒方法の調査」を依頼し、翌

1987年3月に同協会により「消毒方法調査報告書」がまとめられた。その最後のページに：

"二酸化塩素への期待"として「今回の調査結果によれば、二酸化塩素はトリハロメタンを形成しない、そしてアンモニアを形成せず、注入後、速やかに消毒効果を発揮する等、その調査報告書に二酸化塩素の優位さが随所に認められたとしていたが、既製品（と称する製品）をそのまま使用した場合は、消毒実験によって必ずしも期待通りの結果が得られなかったことから、適切な現地精製を含め、二酸化塩素のメリットを活かした使用方法を今後充分検討を重ね、積極的利用が期待される」とまとめた。

また現在は全国簡易水道協議会に籍を置く眞柄泰基博士等が2002年に発行された技術レポート、高効率浄水技術開発研究（ACT21）「代替消毒剤の実用化に関するマニュアル」[2]の中で二酸化塩素の特徴を挙げた：

（1）安定性

二酸化塩素は通常溶液の形で使用されており、水への溶解度は塩素の5倍以上である。水とも反応しないため揮散性があり、開放容器内では不安定で力価が減少する。塩素のような刺激性があり、空気中濃度が14〜17mg/Lで臭気を感知でき45mg/Lでは呼吸器を刺激する。空気中に10％以上の濃度になると爆発する。圧縮しても40kPaで爆発する。そのため濃厚状態の二酸化塩素を輸送することはできず、使用する場所で製造するのが一般的である。

二酸化塩素はpH7では24時間後でもほとんど二酸化塩素として

存在するが、pH の上昇と共に亜塩素酸イオンが増加する。従って二酸化塩素は低い pH の方で安定性が高い。さらに 5g/L 以下の溶液では一週間程度は保存が可能である。

揮散を避け、冷暗所に保存すれば数カ月は力値の変化はほとんどないが、爆発の危険性があるため、取り扱いに注意し、長期の保存を避けなければならない。

(2) 酸化力

二酸化塩素は有効塩素で示される化合物（これらは加水分解して次亜塩素酸を生成する）には属さない。理論上、塩素当たりの最大の酸化力は塩素よりも強くなるが、浄水処理を行う pH7 付近では次式のように反応する：

$$ClO_2 + e^- \rightarrow ClO_2^-$$

この反応の酸化還元電位（pH7, 25℃ 平衡状態での値）は +0.95V であり、次亜塩素の +1.28V より低い。

(3) 消費量

高度浄水処理実験プラントの活性炭吸着処理水を用いた実験において、二酸化塩素の消費量は 24 時間後までは水温が高い程多くなるが、24〜48 時間後までの消費量は水温の影響は小さい。また、注入した二酸化塩素の大半は二酸化塩素として残留するが、消費された二酸化塩素は亜塩素酸イオン（ClO_2^-）と塩素酸イオン（ClO_3^-）

に変化する。

(4) 残留性

高度浄水処理水を用いた実験において二酸化塩素の残留性は、処理水の濁度およびpHが及ぼす影響は少ないが、水温が高くなる程低くなる傾向を示す。

(5) 要求量

一般に水質が良くpH条件によっては、二酸化塩素要求量の方が塩素要求量と比べて少ない。また塩素と異なり二酸化塩素はアンモニアと反応しないため、アンモニアは二酸化塩素要求量には関与しない。

(6) その他の特徴

二酸化塩素の消毒効果は、pH6〜10の範囲内でpHにあまり影響されない。また有機物と反応するが、遊離塩素処理と比べてトリハロメタン（THM）のような有機化合物を生成しない。また、水道水中の異臭味の原因となるフェノール化合物を分解し、塩素処理で生成する異臭味を呈するクロロフェノールをも分解する。殺藻効果もあり、アナベナ（Anabaena）等によって生じるカビ臭等も分解する。そして凝集の前段で使用すると凝集効果を向上させることができる。その他金属等の酸化についても述べているが、本件については後述する**第7章「二酸化塩素の実用化」１．二酸化塩素溶液の効能効果**で触れている。

さらにアメリカのAWWA（American Water Works Association）発行「Journal AWWA 94：6」のCommittee Report（2002）によれば表題「味と臭いの規格のためのオプション」[3]において臭いを生ずる化学物質への全国的関心事の一つにGeosmin（ジオスミン：藍藻類や放線菌が分泌するカビ臭物質の一つ）およびMIB（Methylisoborneol＝湖沼などで富栄養化現象に伴い発生するフォルミジウムやオシラトリアなどの藍藻類によって産出されるカビ臭の原因物質）が多くの臭いの問題を引き起こしていると提訴し、それらの除去に最適な有効化学物質として最も効果的な処理法に二酸化塩素による酸化があると結論付けた。即ち、水の味と臭いの品質についての世界的基準への法律を設定するための操作上の手順をベースに使用することのできる適切で実用的、且つ、化学的に擁護できる知覚方法は未だ存在していない。しかし、一つひとつの悪臭に対する処理剤として二酸化塩素は素晴らしい製剤である。

　また「Dissertation Abstracts International」Vol. 45, August 1984によると二酸化塩素の生化学の相互関係に関する研究としての表題「代替飲料水の殺菌」[4]の中で下記の項目が記されている。
（1）二酸化塩素（100mg/L）はネズミの精巣および小腸のDNA（デオキシリボ核酸）への3H-チミジンの取り込みで減少を示したが、100mg/LのClO_2^-で処理した肝臓では増加したことが精巣で観察された。
（2）そしてまた二酸化塩素の催奇形に関わる研究で飲料水中に10mg/LのClO_2を飲ませたところ、妊娠しているネズミのメス

は比較的無害であることが実証されたが、子宮壁に着床していたいくつかの生存する胎生動物の数は減少ししていた。さらに胎児の重量の増減を表すいくつかのタイプに胎芽毒性効果が観察された。

(3) 塩化物は ClO_2, ClO_2^- および ClO_3^- の主要な代謝物質である。従って $^{36}Cl^-$ のキネティックは、$Na^{36}Cl$ の経口投与によって研究された ^{36}Cl 吸入のための半減期は19.2時間であったが、解毒半減期は51.9時間掛かっていた。そして分布研究では、放射能は低い活性度を脂肪中で観測していたが、血液、腎臓および肺では高い値が観測された。なお、塩化物の排出は腎臓によって完全に行われていた。

とあり、この報告書から、二酸化塩素と亜塩素酸塩ではその結果に違いがあることが明らかになった。

加えてさらに厄介な問題として1990年代に入って持ち上がった「塩素でも死なない原虫」"クリプトスポリジウム"(Cryptosporidium；塩素耐性単細胞原虫)汚染が各地に拡がり、さながらパニック状態を呈したが、米国環境保護庁（EPA）などの研究で ClO_2 はこれら原虫に効力があることが認められた。

その一例として1996年4月に「Chemical Manufactures Association Report」としてカナダ・アルバータ大学のゴードン・R・フィンチ教授（Dr. Gordon R. Finch）等による、二酸化塩素、亜塩素酸塩および塩素酸塩による「水に媒介されるクリプトスポリジウム・パルバム（Cryptosporidium parvum）に対する効果」[5]の報告書でpH8.0において二酸化塩素の初期残留濃度範囲0.4〜4.0mg/Lで接

触時間15〜120分の範囲内でクリプトスポリジウムは不活性化の義務が果たせる薬剤であることが証明できたとしているが、亜塩素酸塩および塩素酸塩は、飲料水の消毒に対応する基準的投与濃度では全く効果が見られなかったと記されている。さらに筆者が入手しているレポートによれば、レジオネラ（Legionella）に対しては25ppm濃度の二酸化塩素溶液への60秒間の接触で99.999％の殺菌効果が見られた。

そしてClO_2は塩素のようにpH上昇による殺菌能力の低下は見られず、広範囲なpH領域での有効性が認められている。ClO_2は水中で不均化反応により亜塩素酸および塩素酸を生成するとされているが、中性下では解離定数が小さいため、ほとんどClO_2として存在し続ける。ClO_2はpHが低い方が安定するが、pHの上昇（pHが9以上）と共にClO_2^-の生成が増加していく。またClO_2は（遊離により）ガス化し易く、開放系では揮散し易く、pH7，20℃で1時間に1〜1.5mg/L揮散する。

$$ClO_2 + H_2O = HClO_2 + HClO_3 \quad Ka = 1.2 \times 10^{-7}$$

またClO_2は塩素と比較して約2.5倍の酸化力を有しているため、上記でも少し触れたように水道水中の異味臭の原因となるフェノール化合物をはじめ有機物への脱臭作用があり、このような分野でも利用されている。

$$有機物 + ClO_2 \rightarrow 有機酸化物 + ClO_2^-$$

その他無機物として、マンガンイオンが水中に微量でも混在するとしばしば黒い水の原因となるが、ClO_2 はマンガンを速やかに酸化するのでこのような水の浄化に有効である。さらに鉄イオンとの反応ではマンガンほど早くはないが、pH7以上では除去率が高いため塩素より有利とされた。しかし、塩素剤は使用コストが低い等の理由で我が国ではまだまだ水道業界では使用されている。現況から考えて塩素剤の一般的利点、欠点を以下に記すので参考にされたい：

[利点]
(1) 特定用法においてサニテーション（汚水処理等）として広く効果がある
(2) 非常にコストが安価である
(3) 塩素ガス以外、通常、急激な毒性はない
(4) 長い使用の歴史がある
(5) 比較的使い易くできている

[欠点]
(1) 特定用法の不便さ：例えば、dirt、可溶性の粉末キャリアーあるいは血液製剤のようなあるいはまたアルカリ水に曝されたとき有機荷重を受ける
(2) 有毒性生成物：塩素化によって容易にダイオキシンやトリハロメタンのような副産物である有毒生成物を作る

（3）殺菌作用の特定化：例えば、クリプトスポリジウムのような原虫に対しては効果を全く顕わさない
（4）金属腐食　　　：ほとんどどの金属に対して腐蝕性を顕わす
（5）不快な臭い他　：塩素剤で処理された飲料水に強い化学臭や風味が残る

その他例えば、市町村による供給水道水を使わない製造工場等では独自の井戸を掘り「使用水」を賄っているような場合が多々見られるが、上記の他に使用する塩素剤の在庫管理に頭を痛めている等は、意外と知られざる問題の一つである。

　安全で、しかも安定、且つ、有効な二酸化塩素水溶液はこのような問題をも全て満たしてくれるに相応しい製品と言える。

3. 遊泳プール、温浴施設への応用

　プールの衛生基準は1965年に厚生省（当時）によって定められ、1986年には水質、設備および維持管理の三基準を基にプールにおける疫病の予防を中心に衛生と安全の確保を図るため改正され、近年、人々の健康志向に伴ってプールの設備が増加し、プールの健康増進、スポーツ、レジャーのための最も身近な施設の一つとなり、リラックス・セッションやリハビリテーション等多様な目的に利用されている。このようにプールの利用形態や利用目的が多様化していく中で、その水質をはじめとして、より快適なプールの有り様を

求める声が巷に溢れるようになってきた。即ち：
(1) プールの塩素臭には、吐き気さえ催す
(2) 大腸菌等の細菌数が心配である。特に温水プールのプールサイドのマットなどで白癬菌が問題となっている（1997年10月、朝日新聞）

さらには：
(3) 泳ぎに来て眼が充血したりして悪くなった
(4) 髪の毛が脱色して困っている
(5) 皮膚が荒れる等々

また遊泳プールの施設側から見ると；
※細菌を減らすためにはどうしても塩素注入の回数を増やさねばならず、その結果、施設の腐食が進み大変困っている等々

このような問題点の解決に向けて、1990年10月に厚生省生活衛生局長の求めにより水質分科会、施設基準分科会および維持管理基準分科会の三つの分科会が設けられた。当時のプールの衛生基準について検討が行われ、より親しまれるプールの実現を図るべくこれまでのプールの衛生基準に関する全般的な検討が重ねられ、1992年4月4日に原案が成立し、厚生省に報告された。その中の水質基準の項目に「濁度の問題」や「過マンガン酸カリウム」濃度等と共に"塩素消毒に変えて二酸化塩素による消毒"云々の文言が初めて記載され、今日に至っている。

2000年5月、厚生省から「温泉利用入浴施設の衛生管理の徹底について」と題した依頼書が、各都道府県、政令都市および特別区

の衛生主管部宛に送られた。それらによると：
 (1) 入浴施設を新設し、または改装した場合には、営業開始前に充分に清掃および消毒をすると共に、レジオネラ属菌の細菌検査を実施して安全性を確認すること。
 (2) 露天風呂は、レジオネラ属菌により汚染される恐れが大きいことから、内湯と露天風呂との間の配管を通じて、露天風呂の湯が内湯に混じることのないようにすること。
 (3) 塩素剤により浴槽水を消毒している入浴施設にあっては、一度に多数の客が入浴する場合には、塩素濃度が下がり消毒が不十分となる可能性があるため消毒の回数を増やすこと。

等とレジオネラ属菌に対して厳しく処理することを指示しており、実際に塩素剤の濃度を、遊離塩素濃度で0.2〜0.4mg/Lを1日2時間以上保つこととしている。そして2001年7月には「プール・浴槽の水質基準」に二酸化塩素が追加され、二酸化塩素濃度で0.1〜0.4mg/Lと記載されている（但し、亜塩素酸適用の場合は1.2mg/L以下となっている）。

　二酸化塩素の採用は、このようなレジオネラ対策のみにかかわらず、特に露天風呂等で問題となる藻類へのコントロールと共に配管内のバイオフィルのコントロールにも効力を発揮することに留意する（バイオフィルムの詳細は、**第1章「7．工業用用途」（1）バイオフィルム・コントロール**を参照）。

　以上のまとめとして、日本温泉管理士会の会誌2014．No.50に発表された「－浴槽と循環ろ過配管設備系への高度洗浄処理の酸性化亜塩素酸ナトリウム薬液（二酸化塩素溶液）適用と省資源・省力化

ECO洗浄方式導入および洗浄結果評価方法について－「現場からの報告」」[6]の概要を以下に記す。

　富士山温泉「ホテル鐘山苑」赤富士現場での継続的収集情報によると、同温泉旅館で入浴施設の公衆衛生上に関わるレジオネラ対策を中心として、浴槽および循環濾過配管設備全般にわたる洗浄／清掃並びに消毒を含む工事施工においてヒトの健康管理並びに設備の保全性をも図る目的で、多くの現場で用いられている過酸化水素水や次亜塩素酸塩と二酸化塩素水溶液の徹底的な比較試験が行われた。二酸化塩素水溶液は、食品加工現場で用いられる食品添加物有機酸で酸性化した方法である酸性化亜塩素酸塩（Acidified Sodium Chlorite：ASC）を用いて従来の薬剤と同一施行時間内で浴槽内面並びに循環濾過配管設備系統の洗浄と消毒の同時処理で、濃度130－150ppm（ASC）で女子の内湯と露天風呂および男子の内湯と露天風呂そのものと循環濾過系統にそれぞれ投入して行われた。

　水道水におけるトリハロメタンの問題も然ることながら、Geosmin等の問題、さらにはクリプトスポリジウムの問題等があり、遊泳プール、温浴施設等においては白癬菌の問題のほかレジオネラ対策等バクテリアの問題は多々ある（個々の殺菌については㈱バイオサイド・ジャパン代理店に問い合わせください）。

　例えば、温浴施設を一例に挙げると次のような場所で問題を起こしている。

場　　所	対 象 物 等
エントランス、廊下、休憩所、食堂、サロン	石、床、カーペット、絨毯
脱衣所、パウダールーム、空調装置、トイレ	床、備品、カーペット、ダクト、エアコン
浴室浴場	床、排水路、壁、窓、器具備品
浴槽	バイオコート、バイオフィルム、微藻類、スケール
濾過機、循環配管、貯槽、配管器具	バイオコート、バイオフィルム、微藻類、スケール
浴槽水、循環水、貯槽水	病原体、細菌、原生生物、微藻類
総合衛生管理へのフォロー	SV（スーパーバイザー）派遣指導、水質分析、エンジニアリング＆コンサルティング、薬品、設備機器

参考までに浴槽、水道水、プールの水質基準比較表および水道水質基準と二酸化塩素について（ClO_2 と ClO_2^-）についての基準を以下に記す。

	二酸化塩素 （ClO_2）	亜塩素酸イオン （ClO_2^-）
水道用薬品の基準 （浄水場、平成12年2月23日）	2.0mg/L 以下	0.2mg/L 以下
水道監視項目 （蛇口、平成12年9月11日）	0.6mg/L 以下	0.6mg/L 以下
プールの基準 （厚労省、平成13年7月24日）	0.1mg/L 以上 0.4mg/L 以下	1.2mg/L 以下

水質基準で言われている二酸化塩素とは、遊離二酸化塩素（ガス）のことで、つまり塩素化酸化物（O-C-S物質）の複合液となったものである。

なお、検証した問題点は、(1) 薬剤の安全衛生性、(2) 清浄度＝

洗浄結果の検証が主であり、それぞれ循環洗浄水中の鉄分濃度の分析、レジオネラ属菌の検査、残タンパク質の検査、ATP 迅速検査が行われた。(1)については内閣府食品安全委員会等の報告文献にある通り、信頼性に耐える薬剤であることが実証され、(2)についても源泉と比較して洗浄効果が確認できたとしており、鉄イオンの溶出は無視できる範囲であり、レジオネラ属菌に対しても良好な衛生状態であることを確認したとし、且つ、残タンパク質においても検出限界以下であることを確認しており、ATP 迅速検査においてもクリチカル、セミクリチカル、一般の三段階に分けて考察した場合、一般の範囲内であったと結論付けている。

以上のこと等から ASC を採用した場合は：

(a) 要求される高度な衛生状態を保つことができる。

(b) 軟質スケールとバイオフィルムを同時に同一的に除去可能である。

(c) レジオネラ属菌や藻類およびアメーバ等微生物が駆除できる。

(d) 省資源・省力化の施行方法と言える。

(e) 比較的、中規模から大規模施設に対しても施行コストが安価である。

しかしながら、シリカ、石膏等の硬質スケールは別途除去しなければならないことと、施工工事には洗浄技術の教育と工法熟練の技術員スタッフが必要であること等を心に留意すべきである。

4．クーリングタワー等への応用

　クーリングタワー、ループおよび冷却システムへの二酸化塩素の応用は、藻類、プランクトン微生物、バイオフィルムおよびスケールのコントロールそして熱交換機表面、貯水槽の取水口およびそれらに付随する機器類の能率維持を助けるのに大いに役立つ化学品である。塩素および臭素のような従来からの酸化剤は使用上においてpHの制約または腐蝕の問題を心配しなければならないが、二酸化塩素はそのような殺生物剤である酸化剤より遥かに安定しており、最も適合していると言える。

　二酸化塩素は「2．水道水への応用」でも触れたように、水の味と臭いの主たる成分であるフェノール類を含む各種成分を中和する能力を持ち、それらを二酸化塩素中の塩素原子と結合した揮発性あるいは非揮発性のいくつかの有機成分に変える主として酸化反応によって一定の有機成分と反応するものである。二酸化塩素は水処理に使用する場合、塩素と比較すると活性成分としての二酸化塩素のより低いデマンドでその卓越性が証明されている。

　例えば蒸発型冷却塔や熱交換機などでは周期的に処理装置そのものが汚染されていく。そしてこれらの汚れによって次のような状況を引き起こす：

　☆熱伝導率の減少や不均衡など
　☆思いがけない機能停止
　☆装置の寿命を縮める
　☆揚水コストの増加

☆装置の腐蝕

☆腐食防止剤の性能低下

☆非効率的な冷却のための生産ロス

☆燃料効率のロス

一般的にこのような汚れの原因は：

★水垢とスラッジ

★浮遊固形物

★微生物汚染

水垢や汚染物質は、しばしば同一装置内に共存するが、通常どちらかが優勢となる。

水垢とスラッジ

水垢とスラッジは、不溶性塩類の沈澱、即ち、通常カルシウム、マグネシウム、バリウム塩、シリカおよび珪酸塩の化合物によってできる。

浮遊固形物

有機および無機的な浮遊固形物は、ほとんどの水に見られるが有機的浮遊固形物は通常、油などにより途中から汚染されるためによる。

微生物汚染

ほとんどの水には数種類の微生物が存在し、もし、環境が適うならばそれら微生物は増加して大きな問題を引き起こすことが有り得る。即ち、冷却装置はしばしばバクテリアやカビ類、藻類あるいは原生動物のような微生物にとって理想的な住まいをもたらすこととなる。そして微生物学的汚れは、腐蝕を増大させ、レジオネラのよ

うな健康に有害なバクテリアの繁殖を促す結果となる。

腐蝕

腐蝕のプロセスは複雑で、通常、金属の酸化によってもたらされる陰極・陽極反応に起因する。図は各種汚染物質の相関関係を簡単に示した：

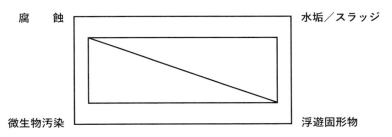

水垢とスラッジ

水垢とスラッジは事前に処理するか、あるいは、抑制剤の投与などによってコントロールすることができる。前処理とは、不溶性のカルシウムとマグネシウムイオンを水溶性のナトリウムイオンに変えることで水を軟化させることである。しかしながら、水を軟化し、カルシウム化合物を除去することによって水の腐蝕性を増す可能性がある。従ってこのような水垢問題の解決は、深刻な腐蝕問題に繋がりかねないので、必要に応じてインヒビターを適用するのが一般的である。但し、インヒビターの使用のみで水垢問題は解決できるものでは決してない。そこで重要なことは、循環式冷却装置においては、循環濃度を定めたレベルに保つことである。

一般的な定義は：

$$循環濃度 = \frac{装置内の水の塩化物}{使用する水の塩化物}$$

であり、通常、濃度の最高限度は軟水で5.5、硬水で2.5であり、これら限度を超えるとインヒビターを使用しても水垢の発生を抑えることができなくなる。また冷却塔の水槽や流れの遅い部分では水垢の沈澱・体積の恐れが増えてくると考えられる。

現有の装置のみで循環濃度の適度を保つことは極めて困難である。このような場合、電導度制御ブリード装置（conductivity controlled bleed system）を設置することにより、また必要に応じて水垢用抑制剤を投与することによって満足のいく調整効果を上げることができる（**フローシート**参照）。

このような装置においては、循環されて戻ってきた水が絶えず検査され、もし、濃度が適正レベルを超えると自動的にブリードバルブ（the bleed valves）が開き、代わりに新しい水を供給する仕組

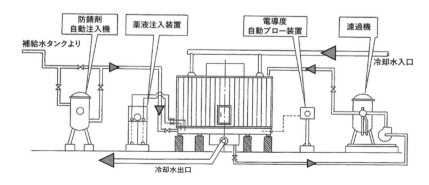

みとなっている。このようにして循環（水）濃度は一定範囲内に保たれる。

浮遊固形物

浮遊固形物は、濾過、凝結、沈澱をすることによって減らすことができ、また、分散剤や凝集剤を加えることによって最小限度に抑えることができる。

腐蝕

腐食は、陽極または陰極（anodic and/or cathodic）の酸化防止剤を用いることによって減らすことができる。腐蝕防止剤と水垢防止剤は、必要に応じて断続的にあるいは連続的にそれぞれ単独もしくは両方を一緒に注入することができる。上記図では、各薬剤は循環の途次で投与されているが出口近くの塔貯水槽に直接投与することも可能である。

投与する頻度は、測定器に表れる装置内の水の濃度の変化次第で決まるものであり、簡単な方法としてはタイマーで管理することだが、一般的な措置としては不定期に薬品を投与する方法が広く用いられている。しかし、最近必要以上の量の薬品投与がなされる傾向にあり、人為的加湿を招く恐れもあるから注意が必要である。

クーリングタワーにおいて二酸化塩素を採用することにより：
(1) 水の消費を減らすこととなり、使用する水のコストをセーブすることとなる。
(2) 塩の形成の最小限化：潜在的腐蝕問題を減らすこととなる。
(3) "blow downs"との間のより長い稼働サイクルでメンテナン

ス・コストを減らすこととなる。
(4) 熱伝達性の表面成分中に堆積するスケールを減らすことでシステムの効率上昇に繋がることとなる。
(5) 特にクーリングタワー等で問題となっている「レジオネラ対策」に対して最高の製品であるとの定評を世界中から得ている。

クーリングシステムにおける二酸化塩素の一般的な使用法は：
(1) 先ず最初に付着しているスライムを洗浄剤で除去し、その後500ppm程度の二酸化塩素溶液を噴霧することによる濯ぎ洗いをし、
(2) 次いで同程度の濃度の溶液をクーリングシステム内に投入し、強制的に噴流させ、できれば一晩そのまま維持する（これはシステム内で繁殖し、新しいスライムを生成し続ける細菌を死滅させることを目的としている）。
(3) 一端システム内が清掃され、浄化されたならば、その後順次測定デバイスなどを用いてユーザーの必要とする濃度の二酸化塩素を注入する。
　　測定デバイスをセットしたならば、最初の日から数日間の間は試運転として50ppm程度の二酸化塩素溶液を注入し、その後、例えば、システム内のスライム堆積防止には1.0〜2.0ppm、レジオネラ対策には最高10ppm程度の注入で充分目的を達成することができる。
(4) スライムが多いときは、二酸化塩素溶液の原液を活性化させ

た上で使用すると良い。なお、溶液は原則として濯ぎ洗いをする必要はない。
(5) 水中の二酸化塩素の測定は、DPD法、クロロフェノール・レッド法、直接吸光度法、ヨウ素滴定法あるいは電流滴定法などが知られている。

　実際に既存のオフィスビルの900Rt冷却塔設備に二酸化塩素製剤を採用して年1回のビル管法（建築物における衛生的環境の確保に関する法律）に準拠して表[注]の維持管理をしている企業より提出された「藻類およびレジオネラ属菌の抑制効果について」の報告書の一部を参考として以下に記す。

効能効果	他製品の性能概要	適用設備（循環冷却水）			
		密閉型	開放型	水槽（蓄熱槽）	配管の洗浄
殺藻およびスライムの分解、レジオネラの抑制ができ、且つ、現場で簡単に濃度管理ができる。	従来の殺菌剤でも水中の殺菌効果は認められるが、ヌメリ等バイオフィルム分解はできない。	○	◎	◎	◎

［注］その他設備管理用の濃度下における生物阻害テストの結果全ての項目で影響なしと判定

　次の写真は設置後4年経過した冷却塔において二酸化塩素製剤による処理と他社製品による処理を比較したものである。

4．クーリングタワー等への応用

5. 食品関連への応用

　二酸化塩素製剤は、厚生労働省より食品加工工場等へのサニタイザーとしてのほか「食品添加物」として、亜塩素酸塩が認められており、一般的にかんきつ類の果皮、サクランボ、ふき、ブドウ、モモ等果物類の他、生食用野菜類、カズノコ、卵殻、さらには鶏肉および食肉類への使用が認められている。

　そこで海外での鶏肉および食肉類についての資料を調べてみると、アメリカの資料として USDA 指示の FSIS 7120.1 & FCN 450 に赤肉および RTE* 産業のための下記のようなアプリケーションを見つけた。

屠　　体	除　骨　後	Trimming & Grinding	整理／梱包
500 − 1,100ppm	300 − 900ppm	500 − 1,000ppm	1,200ppm 以上

［注］上記濃度範囲で使用のこと

また鶏肉処理工場での冷凍層等での塩素化合物による使用が、製氷中への注入共々うまくいかない理由として：

（1）**散逸**：次亜塩素酸ソーダ等は水との接触で急速に反応と散逸が始まり、鶏肉の内外部のバクテリア腐敗の減少に役立たないのが実情である。

（2）**冷凍槽内での問題**：冷凍工程で塩素剤を計量投与しても塩素剤そのものが有機体にとって強烈な反応体であるため冷凍層の全長の1/4にも行き渡らない間に散逸してしまい、風味の欠如等が多発する。

（3）**製氷機内での問題点**：製氷機に投与した塩素剤は急速な散逸のため氷中に余剰の塩素ガスを残留せず、アルミ製の製氷機等を瞬時にして腐蝕し始める。等があり、このような状況下において使用可能な製品として世界中が認めているのが二酸化塩素製剤である。

なぜならば；

（1）二酸化塩素製剤は安定性に優れており、散逸度合いが塩素と比較して10倍以上緩慢であり、

（2）冷凍室内における残留効果もpHの如何にかかわらず立証されており、それのみか、無機物除去減少等により機械の性能向上に役立つ等が業界から認められており、さらに

（3）アルミニウム等に対しての非腐蝕性も立証されている等によるものである。

そして二酸化塩素製剤は、世界において特に果物および野菜の収

穫した後から人々が口にするまでの多くのアプリケーションにおいて病原菌等の駆除並びに貯蔵寿命の延長に用いられることとして米国食品医薬品局（FDA）の 21 CFR 173.325 に承認された製品であり、FDA による NO-PBJECTION（意義のない）に示された通り、採り入れた後の果物および野菜の濯ぎ、洗い、移送および貯蔵中において 500ppm 以下の濃度で、そしてこのようなアプリケーションに用いる水や氷への使用が 5 ～ 50ppm 以下の濃度で承認されている。

　また欧州連合（EU）の BPR のカテゴリー PT-2, PT-3, PT-4, PT-11 および PT-12 等にリストアップされているが、その主な理由を以下に説明している：

　※対象とする食品の風味を変えることなく必要とする効力を発揮する。
　※極めて高い品質を保った製品として出荷することができる。
　※最も信じられる殺菌剤の処理テクノロジーを用いることで対象とされている検査官からの信認を無条件で得ることができる。
　※ HACCP プランの全ての構成要素を満たすことができる。
　※例えば、カット野菜の工場での採用において、従来の次亜塩素酸ソーダと比較しても作業効率等から「コスト安」が認められている。

　上記に「HACCP プランの全ての構成要素を満たすこと」とあるが、その構成要素とはどんな内容かを知っておくことも重要なポイントとなる。そこで本件について調べていくうちに、2010 年にア

メリカのジョージア大学が発表した論文「家禽類加工プラントでのHACCPを満たすための一般的ガイドライン」にその詳細を見つけた。本文の1ページ目に「HACCPのコンセプトは食品業界にとって新しいことではない」から始まり、続いて「HACCPはNASAの宇宙飛行に用いるための食品を微生物学的に安全に生産されるためとしてPillsbury Companyによって1959年に開発され、1971年に初めて一般的に紹介されたもの」と記されている。そしてその内容は七つの**"行動指針"**からなり、その基本的行動指針を以下に記す。

行動指針1：有害性の分析

HACCPプランの設計の第一歩は、各製品に関連する有害性の分析を行うことである。有害性の分析をする缶にHACCPチームは製造、分配および起こり得る潜在的問題の原材料の使用に関する問題の全てを評価するが、HACCPチームはその問題として生物学的、化学的および物理学的全てのタイプおよび考えられる問題点を全て揃えてリストしていた。

行動指針2：CCPの特定

次いで最も重要なステップは、プロセス中のThe Critical Control Points（CCP's＝最大制御ポイント）を決定すること、またはコントロール不能となるポイントが生物学的、化学的あるいは物理的健康被害の結果として生ずることがある。特に、もしユーザーの施設のプロセスで家禽類を生かし、または充分料理するならば、CCP'sは異なった製品に変わってしまう。いくつかの場合、それが処理ステップをCCPに帰するかどうかを決めるのは難しいかも知

れない。

　その結果、多くの会社ではより多くの CCP's を設けなければならなくなるであろう。完全に調理した製品のための CCP の実例は、調理の過程にあるが、適切な料理は病原菌を排除するが、調理後、再度汚染されるのを防ぐことに注意を払うべきである。

行動指針3：CCP の特定

　CCP's を一度定めると危険度のリミットまたは許容される偏差値が各 CCP に確立されなければならない。危険度のリミットは、製品の品質ばかりではなく製品の安全にセットされることとなる。例えば、貯蔵または出荷途中の凍らせた家禽類は、凍らせてはいない場合でもバクテリアの成長を防ぐため 0℃以下を保持させること。また調理した製品では危険度のリミットの例は、製品が少なくとも 71℃に至る体内温度としている。

行動指針4：危険度のリミット・モニター

　全て CCP's は、プロセス中の危険度のリミット内を保証するためモニターをする。HACCP チームは、各 CCP をモニターするだけでなく、CCP の評価の頻度をも測定するための方法を確立している。モニタリングの方法はオンラインの適用に適切であり、視覚観察、芳香および温度 pH さらに湿度あるいは脂肪分に至るまで測定し、CCP's の家禽類処理モニターとして用いている。

　そして伝承による微生物学的テストは、手順に多くの時間を必要とするので CCP's をモニターするのに用いられないが、微生物学的テストをするのは数分以内で貴重な情報をもたらすことができる。

行動指針5：修正措置

CCP's のモニタリングに加えて、もし、プロセスコントロールが効かなくなったときどんな手順をとるかを示すための手法を用意しておく。

そして修正措置プランは：(1) プロセスコントロールを回復するため誰が責任を負うか、(2) どのようにコントロールを回復するか、(3) コントロールのロスにおいての製品の処理をどうするか、そして (4) 製品の回収をどのようにするかを含んでおく。

行動指針6：記録保存

全ての製品のため型にはまった HACCP プランの文書化が USDA-FSIA によって求められている。詳細なデータは CCP's に記録されたデータとして保存されなければならない。有効な記録は以下の内容を保有する必要があるとしている：

※ HACCP チームのメンバーリストおよびそれらの責任者

※ 全ての記録の日付および全ての製品の確認とそれらの意図する用途

※ 全ての CCP's と共に HACCP のフローチャート

※ 全ての危険度のリミットおよび予防策のリスト

※ モニタリングおよび実証プラン

※ 危険度のリミット逸脱が起こったときの行動の経過および修正措置の責任者名

※ 危険度のリミットからの逸脱が起こったときの製品の取り扱い手順

※ 適切な製品のパッケージのための情報および製品に要求される

シェルフ・ライフ

※各シフトのためのHACCPチェック・オブ・シートをステップの完了毎にサインして保管する

※HACCPプランの検査、データの見直しおよびレビューのイニシャル

※全ての逸脱記録

行動指針7：HACCPの検証

一度設立された各HACCPプランは、会社が新しい製品を手掛けるか、古い製品をデータアップするか、新しい製品をインストールするか、あるいはまた製品の取り扱い手順を変更するか等によって変更されるでしょう。それはHACCPプランが有効に機能しているかを確かめる上で重要なポイントである。

このような検証手続きには以下のことに留意すべきである：

※日常的にHACCPプラン全てのチェックと記録

※日常的にモニタリング順序と機器のチェック

※日常的に製品と接触する表面全てのみならず製品部品の微生物学的サンプリングのチェック

※製品の公の評価

※限界逸脱の全体の評価および製品取り扱いの検査

参考までに生の家禽類のための代表的な「有害性分析および製品の査定のためのアイデンティティ」の例を次に示す。

◎有害性分析およびCCP査定製品のアイデンティティの一例

プロセスステップ	CCP	危険のタイプ	臨界リミット
生の製品受け入れ	Yes	物理的品質 生物学的汚染	もし<7.2℃以下で製品を受け取ったならば、外観または臭いに異常はない
料理	Yes	物理的品質 生物学的汚染	内部の温度>71℃で料理しなければならない
冷凍	Yes	物理的品質 生物学的汚染	*温度<5.0℃で冷やさなければならない

［注］＊：5.0℃では製品を適切に凍らせることはできないが、微生物の成長のためには限界である。

　HACCPプランの要求を満たす一つの効力においては「果物および野菜貯蔵施設での化学ガス洗浄システム（Chemical Scrubbing System）を用いての二酸化塩素によるエチレンガスおよびバイオエアロゾルの除去」が容易になされることにある。

　即ち、エチレン（C_2H_4）およびバイオエアロゾル（空気中に存在する生物学的有機物）は、収穫後の果物および野菜の貯蔵施設の内部の空気中に一般的に存在するとされているが、500ppm濃度の二酸化塩素溶液を用いることでC_2H_4およびバイオエアロゾルが99％以上同時に除去することができる。

　そればかりでなく二酸化塩素溶液は、例えば、ニンジンの黒色根腐れ病（アルターナリア腐れ）を引き起こす真菌類ティーラビオプシス・バシコオ（Thielaviopsis basicola）の制御、トマト、サクランボあるいはレタス等に発生するリステリア・モノサイトゲネス（Listeria monocytogenes）への処理剤としても、また緑豆モヤシ、

アルファルファおよびその他の発芽野菜の種子中等で問題を起こす微生物の不活性化に至るまで世界中でその効力が認められている。更に世界の研究機関で二酸化塩素溶液は、当該溶液の廃棄による「河川への影響」あるいは「土壌への影響」に至るまでそれぞれの研究機関で調査／研究がなされアメリカのみならずEU諸国の政府機関にも認められている。

参考までに「食品加工場のための表面衛生処理（Surface Sanitation）」として、米国環境保護庁（EPA）が承認してきた二酸化塩素溶液の適用法について、その概要を以下に記す。

序論：食品加工工場等において食品加工業務中に発生する全てのタイプの微生物を迅速に駆除し、これまでの塩素系処理剤の使用で現場から心配されていた腐蝕問題、広いカテゴリーに対する効能効果、望んでもいない塩素化による副生成物の形成、または食品へのイオンの移動問題あるいは効果を生むまでの長い接触時間等の陥穿を避けるため二酸化塩素製剤が議題に上り、1990年代に承認され今日に至る。特に以下の用途等が取り上げられ、見事に花を咲かせた。

表面サニタイザー：指示された通りに使用することで、二酸化塩素製剤は加工プラント全体にわたって有効なサニテーションを提供する。特に広いスペクトルの殺生物剤であり、それは全てのグラム陽性菌、グラム陰性菌のみならずウイルス、カビ菌、ウドンコ病菌および真菌まで駆除することが証明されている。

果物および野菜の保存と在庫寿命の延長：例えば二酸化塩素溶液濃度を5ppmの低濃度の飲料水の濯ぎによってさえも製品の市場における鮮度でのアピールおよびこのように鮮度をより長く保つことができる。

氷水に浸ける機材：二酸化素溶液は夜分あるいは週末の不稼働時間の間、氷水に浸かったままでいる機材等の臭いやスライムの発生阻止のための溶液として卓越した選択となる。

　その他二酸化塩素溶液は霧吹きあるいは吹付け処理に、CIP（Cold Isostatic Pressing；冷間静水圧プレス）用サニタイザー・リンス、さらには商品のための缶やボトルの外部に付着する汚染物質等を防ぐため等にと氷水に浸かる機材、缶などの冷却装置およびレトルト・システムの操作に二酸化塩素溶液を適用することで防いでいる。なお、二酸化塩素製剤の適用はアプリケーション次第で酸性化して適用する等もあるので適用に先立って、使用濃度等も含め製品のラベルに従って活用されることを勧める。

　また我が国の専門家によってコストの問題が検討された結果、例えば、カット野菜の処理に二酸化塩素溶液を用いた場合、次亜塩素酸塩の使用より予備洗浄水の使用コストが半分程度に抑えられることも判明している。

　それは次亜塩素酸塩で処理した場合には、殺菌処理後の濯ぎに20分以上要するのに比べて、二酸化塩素水溶液での処理後の濯ぎはほんの3分程度で済ますことができるため等である。

また公益社団法人日本食品衛生協会に登録されていた「イチゴの鮮度品質保持」[7]についての報告書も興味ある資料としてここに紹介する。これは実際にイチゴの処理を行っている工場のスケジュールによるものとされており、以前は次亜塩素酸塩水で処理していた。

　入荷したイチゴを軟水で事前に水洗をして付着物や粗ゴミ等を取り除き、その後、pH5 ± 0.5 に活性化した二酸化塩素溶液を20ppm、30ppm、40ppm、50ppm の各濃度に調整し、60L 容量中にイチゴのヘタを切り除きながら漬け込んでいく。半割等も同じ要領で行った。漬け込み時間は1分以上〜3分以内とし、また二酸化塩素水溶液は1時間に1回の割合で更新取り替えを行った。

　その他、以前筆者が目にした試験データの中に「もずく」に付着したバクテリアに対するテスト報告があり、それによると採集した「もずく」を洗浄し、水切りをした後で蒸留水に二酸化塩素溶液を10 − 30ppm 添加した溶液に製品を漬け込んでから冷蔵保管しておくと、2週間後には未処理の製品上では 10^8 程度の大腸菌が検出されたにもかかわらず、二酸化塩素溶液に浸漬した製品はいずれも陰性であった。

　また加工工場等への衛生処理（サニタイザー）として、MBC 開発株式会社（本社：鹿児島市）が行った弁当工場の「落下菌テスト」は大変興味あるテストであったのでここに紹介する。報告書によると1,000ppm の二酸化塩素溶液12L を $120m^2$ × 2 部屋に15 分間掛けて噴霧後、シャーレを1時間放置し確認したところ、次のような結果を得た。

測定箇所	24時間後			48時間後		
	噴霧前生菌	噴霧後生菌	生存率%	噴霧前生菌	噴霧後生菌	生存率%
1階入口	20	4	20.0	36	8	22.2
1階中央	56	6	10.7	118	8	1.8
1階の奥	21	5	23.8	40	5	12.5
2階入口	5	5	100.0	7	6	85.7
2階中央	7	3	42.9	8	3	37.5
2階の奥	5	5	100.0	8	6	75.0
試験法	弁当工場を測定の定義上、1階3カ所、2階3カ所を設定し、殺菌剤として1,000ppmの二酸化塩素を1階、2階共6Lずつ15分間かけて噴霧し、その前後1時間の落下菌数を対象測定箇所に前3枚、後3枚ずつ普通寒天培地を使用し、37.0℃の孵卵器に24時間静置し、各々の集落数を1/3の平均として生菌数を計上した。					

即ち「二酸化塩素製剤」は、特に野菜／果物等において以下の**表**のように生産現場から市場までの間の最高の制菌剤であると考えられる。

タイミング	応用例および実例	濃度 (µg/mL)	目標細菌および利点	備考
種子／実	浸漬、加熱したH₂Oに浸す	20-40	種子から発生する病原菌の制御	一般的
根切り／スリップ	スプレー／浸す	10-20	バクテリア、真菌、胞子	限定的
カッティング用具	浸漬／スプレー	50-100	バクテリア、真菌、胞子およびウイルス	一般的
接ぎ木用具	浸漬／スプレー	As occasion demands	バクテリア、真菌、胞子およびウイルス	一般的
自動繁殖器具	ポテト種子片等の切断用具	50-100	バクテリア	限定的
移植生産	灌漑用水	10-20	バクテリア、腐れカビ、疫病菌、Colletorichum	限定的
現場での長靴等	一般消毒	200-500	土中に生息する菌類	一般的でない
水耕栽培	灌漑用水、滴下施肥用水および通常のフィルム培養	10-20	バクテリア、腐れカビ、疫病菌、Colletotrichum	限定的
点滴ライン用メンテナンス	浄化剤の注入	50	バイオフィルムの除去と制御	一般的
池への処理	貯水池のアオコ処理等	10-20	微生物の除去	限定的
井戸への処理	浄化処理	10-20	主に大腸菌の処理	一般的
スプレータンクの処理	一般的衛生	50-100	バイオフィルムの除去と制御	限定的
現場の機器（ディスクやトラック）	一般的衛生	100-200	土中に発生する病原菌処理	限定的
収穫物と運搬	一般的衛生	100-200	バクテリア、真菌および胞子処理	一般的
バット*スプレー	セロリやレタス	10-20	バクテリアの腐敗および酵素の褐変症	特定

タイミング	応用例およぴ実例	濃度 (μg/mL)	目標細菌および利点	備考
ヘッドスプレー	カリフラワー	5-10 プラスチックで overlap	小房の褐色化を防ぐ(バクテリア、菌類および収穫後の損傷からの酵素の褐変)	一般的
浸漬用タンク	洗浄水の浄化	10-20	バクテリア、真菌、胞子	一般的
空のタンクおよび浮遊タンク	トマト、コショウ、柑橘類、リンゴおよび洋ナシ等	10-20	表面のバクテリア負荷を減らすバクテリア、真菌および胞子	一般的
樋式水路	トマト、サツマイモ	10-20	バクテリア、真菌、胞子	一般的
洗浄用スプレーバー	洗浄水のサニテーション	10-20	一般的微生物除去	ヨウ素ベース
氷の注入	氷を作る水の消毒	5-10	大腸菌並びにウイルス	限定的
防熱用氷水	冷水のサニテーション	10-20	バクテリアおよび表面のバクテリア負荷を減らす	一般的
カルシウムの圧力注入	CaCl$_2$処理水の消毒	5-10	バクテリアと真菌	一般的でない
皮剥き器の研磨	洗浄水のサニテーション	50-100	バクテリアおよび表面のバクテリア負荷を減らす	一般的
少量の野菜プロセス	洗浄、冷却用水のサニテーション	10-20	バクテリアおよび表面のバクテリア負荷を減らす	一般的
包装ラインのサニテーション	コンベヤーベルト、詰め物、流用物、蓋をするなど	50-100 これまでは塩素処理した水でスプレーしていた(可変)	バイオフィルムの制御および接触表面の一般的微生物の減少	限定的

5. 食品関連への応用

タイミング	応用例および実例	濃度(μg/mL)	目標細菌および利点	備考
噴霧ラインとノズル	小売り陳列製品、センターへの散布用水のサニタイザー	50-100	バイオフィルムの防止と大腸菌の制御	一般的
商品の飾り付けと洗浄	洗浄水のサニテーション	50-100	バクテリアおよび表面のバクテリア負荷を減らす	一般的ではない

［注］＊：バット（butt；斜面の最も厚い部分をいう。新しく作られたバットは微好気的か嫌気的である）

　我が国で二酸化塩素（亜塩素酸塩として）が食品添加物に認定された際には、野菜、果物および卵殻を含むとあったが、当該卵殻への許認可はその当時新聞紙上を賑わしたカンピロバクター（Campylobacter）に起因しているのではないかと思われる。当該カンピロバクターについての詳細は、**第7章「二酸化塩素の実用化」1．二酸化塩素溶液の効能効果**で記しているが、二酸化塩素溶液をクエン酸等で活性化させ、且つ、80ppm程度の濃度で卵殻を洗浄することによって完全な殺菌効果が期待できる。

　それはともかくとして本項の冒頭に述べたが、2016年10月に厚生労働省医薬・生活衛生局生活衛生・食品安全部より「食品衛生法施行規則の一部を改正する省令および食品、添加物の規格基準の一部改正」において運用上の注意の項目の2に「亜塩素酸塩の使用基準に「食肉および食肉製品」を追加すること」並びに「食肉とはスライスハムやスライスベーコン等の食肉製品を製造するに当たってスライス処理する前の塊等も含まれること』との記載により認可された。

このような用途に二酸化塩素溶液（即ち、亜塩素酸塩溶液）を採用するのは、サルモネラ（Salmonella）はもとより大腸菌 O-157：H7 およびリステリア（Listeria）菌などに対して高い効果を顕わす総合的抗菌処理技術が一般化したことと考えられる。
　参考までに家禽類および Red-Meat の試験データ概要を下記に記す。

1) 家禽用のスプレーキャビネット内における鳥肉屠体のバクテリア E. coli O157:H7, Salmonella typhimurium および Tptal aerobic bacteria のサニテーションのために50％のクエン酸で活性化した二酸化塩素溶液、即ち、溶液のpH5.3による酸化亜塩素酸塩（ASC）0.098％を用いた。また各バクテリアは ASC 製品をスプレーする20分前に鳥肉の屠体に E. coli O157：H7 および Salomonella typhimurium は接種したが Aerobic bacteria は鳥肉の屠体表面に既に自然に発生していた。結果を**表**に示す。

◎鳥肉屠体経のASCスプレーによる殺菌効果

微　生　物	減少（log cfu/mL）
E. coli O157:H7	1.43
S. typhimurium	1.07
Total aerobic bacteria	1.93

2) 生の牛肉上の好気性菌ならびに大腸菌に対して酸性化した二酸化塩素溶液による殺菌効果を評価した。その結果、ClO_2 濃度 500 － 540ppm の溶液をスプレーした肉の表面での測定で 1.1 〜 2.6log という著しい減少を確認した。なお、pH2.90 と 4.50 の異

なったpH値においても殺菌効力に著しいインパクトは見られなかった。それぞれの菌に対する結果の詳細は**表**を参照。

◎全好気性菌ならびに全大腸菌の分析

肉のサンプル		全好気性菌		全大腸菌	
		溶液Ⅰ	溶液Ⅱ	溶液Ⅰ	溶液Ⅱ
赤身	コントロール	6.79	7.04	1.71	1.50
	処理済	5.35	5.74	ND	ND
	減少	1.44	1.30	< 1.71	< 1.50
牛脂	コントロール	7.41	n/a	2.64	n/a
	処理済	6.31	n/a	ND	n/a
	減少	1.10	n/a	< 2.64	n/a

［注］(1) 肉のサンプルにおける牛脂とは牛肉の脂肪を含んだ組織タイプをいう
　　　(2) 溶液Ⅰは、pH 2.90の溶液を指し、溶液Ⅱは、pH4.50の溶液を指す
　　　(3) 各Boxの中の値は平均値である
　　　(4) NDとは10^0稀釈で検出しなかったことであり、n/aとは適用外である

そしてこれらのことは鶏肉業界のみならず食肉業界全般にわたって業務上および製品の利点を大きく引き出すこととなった：

業務上の利点：

（1）最大限に活かすべくバクテリアコントロールを極限まで高める
（2）鶏肉業界並びに食肉業界の各プラントの製品の品質評価を高め、維持することができる
（3）HACCPを遵守できる
（4）風味への影響が全くない等

また**製品に対する利点**として：

（1）超高度な抗菌力

(2) 使用濃度での低い腐蝕性
(3) トリハロメタン（THM）の生成の心配がなくなった
(4) 有機的付加のため耐中性化である
(5) 間隔器官特性に効果を与えない、他‥

なお、参考までに食肉に対して酸性化亜塩素酸塩を用いた際、ホモジナイズ化された肉の抽出液中における残留亜塩素酸塩の最後の結末をイオンクロマトグラフィによって各種 pH で評価したところ、如何なる亜塩素酸塩残留値も接触 3 時間後には肉の抽出液中から検出することはなかった。

最後にベトナムのブンチェにあるハマグリの加工工場のレポートを紹介する。報告書によると、「冷凍二枚貝」に対する顧客からの苦情を避けるため、且つ二酸化塩素溶液で処理して出荷するために、二酸化塩素溶液の濃度を 10～20ppm で病原菌および大腸菌に侵されていたハマグリにテストし、その結果を**表**に示す。

	結　果
Total's bacterium（24h, 37℃）	IQF (B) Samples 50.104 bacteria/g
Coliform（48h, 44℃）	93.101 bacteria/g
Clostridium perfringens	（－）
E. coli	（－）
Salmonella	（－）

※二酸化塩素水溶液の優位性

　二酸化塩素水溶液は長年にわたる独自の調査・研究と 37 カ国以上に及ぶ各国の政府機関および／あるいは研究機関によって広範囲

にわたるバクテリア、カビ類およびその他の病原菌等に対して調査され、極めて有効であることが立証されてきた。

なぜならば、グラム陰性菌やグラム陽性菌のみならず芽胞形成菌からウイルスに至るまで二酸化塩素の酸化力は感受性を発揮してきた。特に食品およびビール醸造工場などで遭遇する悪名高いサルモネラやシュードモナスあるいはビール酵母、または粘着性の高い糸状菌や雑カビ等も当該二酸化塩素の殺菌力の前には全く脆いことが証明されている。また、二酸化塩素溶液は他の塩素剤などと比べて遥かに安全性が高く、使用法が簡単なこと等により食品加工工場等の洗浄・殺菌の一貫システムに最高の価値ある手段として世界中で使用されている。

Environmental Health Perspectives に寄稿した米国環境保護庁（EPA）の Bdy Elmer W. Akin 等の論文中に「飲料水に媒介される水系伝染病のコントロール」[8]がある。その中でアメリカでは前世紀から世界中に蔓延した「腸チフス」から始まる水系伝染病としてのコレラ菌、アメーバ症、細菌性赤痢菌、サルモネラ症あるいはA型肝炎症等の伝播に対する消毒剤の特性を表にまとめた。

消毒剤	ランク (1＝最高、4＝最低)		効率上のpH効果 (pHレンジ6-9)
	殺生物効果	安定性	
オゾン	1	4	少しの効果
二酸化塩素	2	2	pH上昇により利益をもたらす
遊離塩素	3	3	pH上昇は不利益である
クロラミン	4	1	少しの効果

その他細菌以外の水中汚染、即ち、細菌やカビ類の制御に限定されるものではなく、水中における種々の有機物および無機物にも及ぶ。以下にその代表的な物質に対する結果を挙げる。

(1) **フェノール**：この汚染物質は、水の味と臭いの深刻な問題の原因となっている。塩素を通常通り投与するとクロロフェノール（chlorophenols）が形成されて、往々にして元のフェノール以上に悪質な味と臭いの原因となる。塩素剤と違い二酸化塩素はフェノールと結合せず、寧ろ、ベンゼン環構造を破壊することから二酸化塩素の注目すべき脱臭作用の根源を知ることができる。

(2) **鉄、硫化水素あるいはマンガン**：可溶性の鉄あるいはマンガンは二酸化塩素で酸化されて特定微粒子からなる物質となり、やがては沈澱し、濾過されていく。また硫化水素は、全く無害化されることで知られており、即ち、H_2SO_3 は $2H^+$ と SO_3^{2-} に分解され工場環境下における健康傷害の要因を除去する。

(3) **有機物質**：二酸化塩素製剤は含水脂肪酸あるいは多糖類（デンプン）に対しては反応し難いが、フェノール合成物、アルデヒド、ケトン、メルカプタンやリノール酸のような一定の脂肪酸に対しては容易に反応する。ClO_2 は永年にわたり木材パルプの delignification（リグニン除去）として最適な合成物として使用されてきており、また、最も活性化するものはある種のアミノ酸、中でも著名なものとしてタンパク質の中にある硫黄含有の芳香族系アミノ酸と活性化していく。

(4) **藻類**：二酸化塩素は藻類に二つの面で作用を及ぼしていく。先ず第一に cell wall（細胞壁）にアタックして破壊し、protosynthesis（原形質）を分解し葉緑素を破壊する。いずれの場合においても藻類は急速に枯死してしまう。

このような利点を持つ二酸化塩素製剤は、水道水の精製のみならず、貯水中のバクテリア量を許容レベルに維持し、貯蔵期間の延長を可能にしたり、貯水槽その他貯蔵設備内の藻類その他の微生物制御、さらには味と臭いの制御を目的とする水処理などへと多くの目的に活用されている。

二酸化塩素の優位性は以上のように様々な用途などで証明されているが、その一つに RO-膜への応用がある。一般的な RO-膜への応用は酸等で活性化した＜50ppm 濃度の二酸化塩素水溶液によって処理されるが、チャコールフィルターへの用途に対しては活性化した＜250ppm 濃度の二酸化塩素水溶液が最適とされている。参考までに「チャコールフィルター殺菌のための手順」を記す。

チャコールフィルター殺菌のための手順：

1) システム内の水の量を計算
2) システム内の洗浄：排水量の少なくとも2倍の水を流す
3) 水の pH をチェック：7.0〜7.5 に調整
4) サージタンクに対して二酸化塩素水溶液を総量の半分程度まで添加：できるだけ高い流れで還流をスタートさせる
5) 5分間ほど続ける

6) サージタンクに4で用いた二酸化塩素溶液の残りを添加
7) 10分間ほど還流を続ける
8) 水のサンプルを採り、ClO_2の滴定を行う：チャコールフィルターのインプット、アウトプット共に行うこと
9) 5－10分おきにインプット、アウトプットそれぞれを滴定してClO_2の含有量の比較をすること
10) 還流を続けてチャコールフィルターのインプット、アウトプットの量の変化が0になるまで滴定を続ける
11) 還流を止め、夜通しフィルターをそのまま据え置く
12) 翌朝アウトプット側のフィルターを取り出しClO_2を滴定する
13) もし、必要ならば全プレートカウントのアウトプットフィルターのチェックをする
14) 新しい水道水でシステム内の二酸化塩素溶液を流し出す
15) フィルターのアウトプット側の水のClO_2を5－10分おきに滴定する
16) ユニット内のClO_2の滴定値が0になるまで続ける
17) ClO_2濃度が滴定して0となった後も4－5分間フラッシングを続ける
18) チャコールフィルターは完全に殺菌され使用が再びできるようになっている

締め括りとして、本項「**5．食品関連への応用**」の中の一節にあるHACCPプランに関わる項目で述べた「土壌への影響」につい

て少し触れておきたい。

　高濃度の二酸化塩素溶液を誤ってこぼした、あるいは容器が破損して相当量が流れ出したとき、周辺の土壌あるいは河川への環境的影響はどうなるか等と食品工場のみならず一般工業界、特に金属加工工場あるいは化学工場におけるバイオフィルム制御などの大量使用が進むにつれてこのような質問が多く出てくるようになった。2001年の第4回「二酸化塩素国際シンポジウム」において、Sterling Pulp Chemivals, Ltd. が「土壌中における亜塩素酸塩の環境破壊」[9] と題して当該問題を提示し、実際に起こった現象とその影響をもとに発表した。

その概要は：
　　※バルクタンクの底部の破損という偶発的な破壊および上部からの吹きこぼれなどにより
　　※25％の亜塩素酸塩の流出
　　※影響を受けた領域の植物への影響
　　※その周辺における水路への処置

等が含まれており、そしてこのような場合、先ず職員の保護を第一に、そして水路からの隔離、植物周辺へ染み込む薬剤を防ぐ手立て、そして影響を受けた土壌への処理を実際にモニタリング・プログラムを立てて、以下のプロットコールで行ったと発表した。即ち：
　　※2タイプの土壌を選んでのテスト
　　※草に覆われた土壌と岩石の多い土壌
　　※亜塩素酸塩としての初期濃度 12,360ppm

※ソーダ灰の適用

※自然の水分レベル

※亜塩素酸塩、塩化物、塩素酸塩でのモニター

※そして4カ月にわたるタイムライン

であり、テストした土壌の特性は以下の通り。

サンプル	草で覆われた土壌	岩石で覆われた土壌	ユニット
湿度（湿性固体分%）	15.30	13.00	
LO（乾性固体分%）	1.96	2.46	%
pH（体積による1：1）	6.40	6.40	%
pH（重量による1：1）	6.20	6.30	
全体の密度（wet）	1.89	1.87	gm/cc
比重（dry）	2.45	2.52	gm/cc

そしてテストの結果は以下の通りである：

◎草で覆われた土壌の結果

サンプル	塩化物	亜塩素酸塩	塩素酸塩
初期	863	12,360	153
2時間後	1,448	8,300	772
1日目	n/a	81	n/a
6日目	4,092	n/d	3,146
28日目	3,831	n/d	1,988
62日目	4,041	n/d	2,065
128日目	3,763	n/d	1,951

［注］単位：ppm, n/a：not account, n/d：not detected

◎岩石を含んだ土壌での結果

サンプル	塩化物	亜塩素酸塩	塩素酸塩
初期	863	12,360	153
2時間後	1,448	8,300	772
1日目	n/a	81	n/a
6日目	4,092	n/d	3,146
28日目	3,831	n/d	1,988
62日目	4,041	n/d	2,065
128日目	3,763	n/d	1,851

［注］単位：ppm, n/a：not account, n/d：not detected

上記の結果から以下のことが明らかとなった。即ち：

※ソーダ灰は、土壌緩衝材として適切であった

※2時間後には、亜塩素酸塩の自然劣化が始まった（30－35％）

※24時間後には、亜塩素酸塩の99％が自然消失していた

※亜塩素酸塩は、6日後には完全に認知できなくなった

※いくらかの亜塩素酸塩が塩素酸塩に変換されていた（15－20％）

※塩素酸塩は緩慢な速度で分解していった

これらの結果から以下のような結論を導き出していたと考えられる。

1）ソーダ灰は土壌の緩衝材として勧められる

2）1日で亜塩素酸塩の99％は、自然と分解する

3）亜塩素酸塩は6日も経たないうちに検出不能となる

4）亜塩素酸塩は主として塩化物に変換されていた

5）X-HDPE（高密度ポリエチレン）は、亜塩素酸塩と融合性がある（当該データでは発表されていない）
6）貯蔵タンクの接触を防ぐ壁の適切な設計の必要性
7）空気圧とモニターの規制
8）タンクの洩れの適切な極点の見極め（タンク寿命は凡そ9年としている）

更に興味あるデータとして、日本大学農獣医学部（当時）の二郷俊郎教授等による実験データ「二酸化塩素による食品中に発生するケナガコナダニの殺ダニ効果」[10]がある。それによると市販されている小麦粉、スキムミルク、コンスターチ、カツオ削り節、きな粉、片栗粉、七味唐辛子、ふりかけ、煮干し、コショウの10種類に用いて、ガラスフィルターの中にダニと試験品を入れゴム栓で密封し、二酸化塩素による効果について、「食品遺物試験法」（二郷教授等によって考案）により行われた。

試験の結果は：

ガラスフィルター中に平均50匹のケナガコナダニを挿入し、ClO_2活性化容器の中でLC100を求めた。また各食品中にケナガコナダニを平均50匹づつ混ぜClO_2中に曝し、100％死滅するまでの時間と濃度を観測したところ1,100ppm以上で12時間、500ppmでは24時間、そして100ppmでは48時間を要した。一般にスキムミルク、コーンスターチ、片栗粉では良い結果であったが、煮干しやきな粉ではやや不良という結果であった。

以上のような多くの優位性をさらに活用し、食品業界に限らずあらゆる業界において特定空間の清浄化を進めるべく、株式会社ボンズ（本社・東京）が自社で販売する空気清浄機に二酸化塩素水溶液を併用したテストを一般財団法人北里環境科学センターにおいて「空中除菌テスト」[11]で実際に則した形式で行った。そのテスト方法は、同社の取り扱っている空気清浄機によって浮遊ウイルスをどの程度抑制できるか、日本電気工業会規格 JEM 1467「家庭用空気清浄機」の付属書 D「浮遊ウイルスに対する除去性能評価試験」を参考に6畳の空間に相当する $25m^3$ 試験チャンバーを用いて評価した。

　詳細な試験条件は、①自然減衰（コントロール）：試験品を運転しない試験空間における試験ウイルス数の掲示変動、並びに、②空気清浄機使用：空気清浄機を運転した試験空間における試験ウイルス数の掲示変動の二種類でそれぞれ作用時間は、0分、15分、30分、45分および60分間にわたって行った。なお、テストされた試験ウイルスは E. coli phage MS2 NBRC 102619（大腸菌ファージ）であり、用いられた二酸化塩素濃度は 20mg/L の有効濃度であったとされる。そして初期（0分）のウイルス数と経過時間毎のウイルス対数減少値を計算し、さらにコントロールを差し引いた正味の対数減数値（減少率）を求め二酸化塩素溶液による浮遊ウイルスの抑制性能を評価した。なお、計算式を以下に示す。

$$減少率（\%）= [1 - 1/10（正味の対数減少値）] \times 100$$

当該試験によって得られた試験品による正味の対数減少値（減少率）は、15分で0.8（84％）、30分で1.6（97％）、45分で2.7（99.8％）そして60分で3.2（99.93％）であった。即ち、同社のコメントにある通り、45分間で対数減少値（減少率）が2.0（99％）以上となり、浮遊ウイルスに対する抑制性能があると認められた。

6. 農業関連への応用

我が国では二酸化塩素溶液の農業分野への応用はまだ進んでいないようだが、アメリカおよびEU諸国においては「園芸事業」を含む農業分野への応用があらゆる方面に活用されている。前項「**5. 食品関連への応用**」でも少し触れたが、その一つとして「園芸事業における水を媒介とするプラント内の病原菌の制御」[12]について興味ある論文がある。

即ち、二酸化塩素溶液は園芸事業における施設のあらゆる部分での灌漑用水におけるプラント内の病原体をコントロールする最新技術のフォーメーションとして人目を集めている。なぜならば、二酸化塩素溶液はFusarium（フサリウム属の菌類総称）、Pythium Phytophora（真菌の一属でクサレカビの一種）のような野菜などを栽培する上で影響を及ぼすhost（特定の遺伝子を組み込んだプラスミドを注入し、増殖する細胞で大腸菌などが代表的）のような生物体のコントロールを迅速に、しかも効果的に制御することができるからである。さらに二酸化塩素溶液は、「**4. クーリングタワー**

等への応用」でも再三述べたが、唯一、バイオフィルムに対して有効であることが様々なケースにおいて証明されている。それは有機体に取り組み（アタックし）、バイオフィルムに浸透し、且つ、溶かすことにより表面に付着したバイオフィルムを破壊することができるからである。通常の状態とは、異常のないプラントを意味することであり、パイプ、エミッターおよび冷却パッド等に生成するバクテリアおよびバイオフィルムの全くない状態をいう。

活性化した二酸化塩素溶液を用いることは無類の利点をもたらすと共に、以下に記載する有機物等を制御することが、世界の大学、研究所等で証明され、アメリカおよびEU諸国で既に承認され広く採用されている。

※園芸事業で重要となる有機体内での超高度な殺菌効果
※優れたバイオフィルムの制御効果
※水質を高める能力
※金属腐食の低いこと
※広いpH範囲（1 - 10）においての有効性
※有機的付加からの中和に対する抵抗力
※ 環境に優しい特性（食卓塩の分解）

制御された代表的有機物

Pythium（クサレカビと呼ぶ水成および外因性真菌の一属）

Erwinia（エルウィニア：腸内細菌科、グラム陰性菌の一属）

Colletotrichum（コレトトリチューム：菌類の一属で炭疽病等い

くつかの重要な植物の寄生体を含んでいる）

Fusarium（フザリウム：ヒホミケス網菌類の一属で隔壁のある菌糸体を形成し、大分生子を作り、ある種では、小分生子およびあるいは厚膜胞子を作る）

Phizoctonia（リゾクトーニア：いくつかの重要な植物病原性をもつ菌類の一属で不完全菌類目に属し、根腐れ病等がある）

Cylundrocladium

Phytophthora（エキビョウ菌：真菌の一属でいくつかの重要な植物病原性のものが含まれる）

Ralstonia

Thielaviopsis（シーラビオラシス：ヒホミケス類の一種で、すそ枯れ病をいう）

Pseudomonas（シュードモナス科に属するグラム陰性菌で好気性であり、緑膿菌などが代表的である）

Alternaria（アルターナリア：ヒホミケス網の一属で多くの植物寄生種を含む、ニンジンの黒腐れの原因菌などが代表的）

Xanthomonas（ザントモナス：グラム陰性菌の変性好気性細菌でシュードモナス科に属する）

Botrytis（ボトリチス：ヒホミケス属で多くの種は Botryotinia 属のテレモルを持っている。タマネギ腐れ病などが代表的）

その他二酸化塩素溶液は、「貯蔵中のポテトの発芽抑制」はあまりにも有名であり、また、ポテトやセリの「葉枯れ病胞子のコントロール」、更には「ブドウやトマトの在庫寿命の延長」等と非常に

多くの用途へと拡がっている。

　我が国では有限会社四国サニタにおいて「イチゴの在庫寿命の延長」等に二酸化塩素溶液を使うことを当たり前の業務にまで高められたことは、よく知られている。参考までにそのステップのマニュアルの概要を述べる：

　イチゴの場合、その種別、産地、収穫時期、熟成度および出荷時の芯の温度等によって、二酸化塩素溶液の使用濃度は20ppmから50ppmと異なってくるが、「**5．食品関係への応用**」で述べたように、適正な使用濃度の二酸化塩素溶液を使用前日に作成すること、入荷したイチゴは事前水道水や軟水で良く洗い付着物や粗ゴミを取り除いた後、イチゴのヘタを切り除きながら漬け込んでいくことが重要だとされていた。但し、漬け込み用の二酸化塩素水溶液のpHを4.0以下とすると食感が劣り、二酸化塩素濃度を50ppmより濃くし過ぎたり、pHを低くし過ぎたりすると薬焼けをする恐れがあるので、使用前に二酸化塩素濃度とpHの確認テストを行うことと注意していた。更に注意事項として、イチゴは二酸化塩素溶液中に1分以上漬け込み、3分以内とすること、そして必ず「液切り」をすること、並びに使用溶液は1時間おきに新しい溶液に切り替えることとした。消毒後のイチゴを翌日まで現場に保管する場合は、500ppm相当の二酸化塩素水溶液を適量噴霧した後、バット毎ラップで巻いて恒温・高湿庫に保存することを注意深くユーザーに指導した。その結果、同社は熟成したイチゴを海外にまで輸出することができるほど「鮮度」が保証できることまでキメ細かに指導をしながら、イチゴをはじめ、コールスロー、カットネギ、ニンジンの千切り、パプ

リカあるいはダイコンのケンなどのユーザーを増やしていった。

　有限会社四国サニタの顧客である株式会社スウィーツが国際特許を取得した。出願番号は、特許第745102号（P6745102）1P Force）で、特許公報 project22.1.31 β版に公開された。その内容は；
「果実を原料とする果実加工品の製造方法であって、特に果実を丸ごと使用した非加熱の果実加工品の製造方法に関する」ものである。

　特にアメリカにおいてはアイダホ州を中心としてジャガイモ（ポテト）の生産が世界的であり、そのためポテトに関わる病気、軟腐病（Soft rot）をはじめとして輪腐病（Ring rot seed）あるいは疫病（Late blight）さらには Silver scurf（ジャガイモの病気）による輪紋病（ring rot）、腐敗病（pink rot）、黒熱病（black scurb）等と多くの疫病に苦慮していたが、これら病気の制御においてやはり二酸化塩素水溶液が首尾一貫して制御の業績を伸ばしている。

　しかし、一言で言えば二酸化塩素水溶液は上記の病原菌に感染したポテトの塊茎を治療することはできないが、貯蔵中のポテトの後期べと病（Late blight）や他の損傷による疫病の蔓延を阻止し、停止することができることに着目してもらいたい。そしてこのような適切な保管管理操作が全ての農産物に対して、また気候状態を考慮した適切なアプリケーションとして疫病管理対策をも成功させるツールとなるだろう。参考のためにこのようなポテト業界の使用インストラクションを以下に述べる。

※大容量適用のためのアプリケーション

ステップ1：必要とする量のきれいな飲料的用水を1日に使用する
　　　　　　分のみタンクに入れる。

ステップ2：そのタンクの中に 400ppm 相当の二酸化塩素溶液に調整して添加する。

ステップ3：当該溶液に 99％の食品グレードの微小粒状クエン酸あるい 75％リン酸を後述の稀釈チャートを参照して添加する。当該溶液を「活性溶液」と呼ぶ。

ステップ4：容器にトランスファーアダプターを通して1時間待機する。

ステップ5：94ｇの縁にピックまたはナイフで通気用の孔をあける。

ステップ6：ディタンクの中へステップ3で作った活性溶液を移し、必要とする綺麗な飲料水を注入して液の中へホースの先端を抽入する。当該溶液は決して直射日光にさらさないようにカバーして貯蔵し、8時間以内に使用すること。

ステップ7：当該溶液をポテト１ｔ当たり 1.8 〜 2.0 Ｌの割合で塊茎にスプレーする。最も効率的に行うにはスプレー部分の周りに覆いをして行うことを勧める。もし、塊茎があまりにも濡れ過ぎるようであるならば、使用容量を半分ほどまで減らしてもよい。極端な濡れ過ぎはポテトに対して有効ではない。

　小容量のためのアプリケーションとしては、20Ｌの飲料水に対して 20,000ppm 相当の二酸化塩素溶液 400mL を添加し、400ｇの食品グレードのクエン酸微粉末を添加し、適用する。また、このよ

うな液剤の漏出あるいは廃棄処分に際しては、河川中の魚介類または水成生物等に対しての危惧を考慮し、当該製品を含んだ廃液を廃棄するような場合には事前に文書によって所管の役所に届け出て承諾または同意を得るようにする。

　ところで二酸化塩素溶液のポテトへの真の有益性は、主として二つの要素（ファクター）による管理で決まってくるとされている。即ち、収量と貯蔵である。本件については、Protecant Technologyの中の「二酸化塩素の病原菌への効き目の立証」[13]と題する、店舗に陳列するためのポテトに適した貯蔵法という観点からテストされたレポートが見つかり、立証されている。その結果として二酸化塩素の抗菌性はpH2－10の広い範囲で有効であることが認められている。

テスト物質	疾病名	ClO_2濃度	接触時間	減少率
Erwinia carotovora subsp Carotovora (4)	Soft rot	500ppm	↑	99.9999%
Helminthosporius solani (3)	Silver scurt	400ppm	10分	98%
Fusarium spores (2)	Dry rot	12ppm	NR	100%
Phytopphtora infestansSporangia (3)	Late blight	7ppm	180分	100%

　さらに二酸化塩素溶液は、汚染遊走子・疫病菌（Phytophthora）が蔓延る病気・疫病（Late blight）の成長をも抑制し、塊茎の研究で軟腐病（Soft rot）を引き起こすErwinia carotovoraにも接種して調べた。結果を**表**に示す。

二酸化塩素濃度	塊茎への疫病の増殖率 (%)	
	Late blight	Soft rot
非処理	28%	30%
5ppm	12%	NA
10ppm	6%	NA
50ppm	0%	NA
200ppm	NA	0%

　また2010年のJournal of Invertebrate Pathologyに「Nosema bombycis（ノーゼマ・カイコガ＝カイコは通常、致死的な疾患微粒子病を生ずるもので、感染したカイコ由来の胞子を含んだ糞便に汚染された桑の葉を摂取することによって感染を生ずる）に対する不活性化メカニズム」[14]が発表されるなど、二酸化塩素の用途は拡大の一途を辿っている。

　最後に参考までにアメリカのCentral Azucarrera De Tarlacによってテストされた"Test for Control of Sugar Inversion"[15]の概要を述べておきたい。この分析は圧搾して得た糖汁を用いての劣化防止効力をテストして、ブリックス度（Brix計によって決められた砂糖としての濃度）、転化糖分％、および純度を調べたものである。使用した二酸化塩素溶液の濃度は80ppmで、1.5時間毎に転化糖分、ブリックス度および純度を分析して劣化度を調べ、その結果、二酸化塩素溶液で処理した糖汁は劣化度が著しく遅くなることが明らかとなった。そして結果として、二酸化塩素溶液は「ショ糖汁の酸敗を完全に無期限阻止することができた」と締め括っている。

7. 工業用用途

　塩素、ヨード、第四アンモニウムまたはテクニカルグレードの亜塩素酸等を原料としたサニタイザーがいずれの現場でも勧められ使われているが、それぞれの長所を聞き、どれが最良のものであるかを決めかねているのが実情である。このような難問を解決するための評価方法として判断基準を10項目に分けた。もちろん、これらの判断基準を全てクリアするサニタイザーはなかなか見つからないだろうが、以下の10項目の要素は意思決定のためのガイドラインになるのではないかと思われる。

（ⅰ）**殺菌剤としての働き**：如何に低濃度で、どれほど広範囲に抗菌スペクトルを有するかを先ず知るべきである。

（ⅱ）**可溶性について**：製品が活性度を失うことなく広い温度範囲において水に可溶か否かの判断が必要である。

（ⅲ）**安定性について**：その製品が温度やpHの変化する中において特にアルカリ性の状況下においても変わらず安定的であり、同様の活性度を保つかどうかも必須事項である。

（ⅳ）**ヒト等への安全性**：微生物に対しての致死量が、ヒトや動物に対して無害であるかどうかは絶対的な問題である。

（ⅴ）**耐有機物性**：装置内の有機物と反応しないかどうか。そして殺菌剤として使われたとき、この反応レベルで効果を顕わすかどうか。また有機物との反応で有毒物質を生成しないかどうか。

（vi）**残留活性はどうか**：長時間にわたり処理表面の効力が残留し、活性度を失うことなく作用し得るかどうか。このような特性を望みに応じてポジティブにもネガティブにもすることができるかどうか。

（vii）**非腐蝕性について**：薬剤の使用によって装置内の金属部分のみならず他の材質をも侵すことはないかどうか。

（viii）**非汚染性について**：通常の使用において機器類、着衣あるいは皮膚、その他全ての表面に対して変色や染みを残すなどの実情は起きないか。

（ix）**脱臭／消臭能力**：微生物と関連して発生する悪臭はもちろん、その他異臭をもたらすようなことはないかどうか。使用する薬剤自身の臭いはどうか。

（x）**有効性ほか**：いずれに対しても容易に有効に使用できるかどうか。

　二酸化塩素製剤がこれらのことをクリアするかどうかについては採用するユーザー自身が決定することになる。

　ところで、各種工場等並びに施設における給排水管設備において以下のような用途で二酸化塩素溶液は優れたサニテーション能力を発揮する。即ち；

※冷却水および不凍液システム（Glycol System）に
※食品加工、ビール醸造、酪農およびボトリング工場で
※硬質表面用サニタイジングに

※レトルト用ボトルなどの温・冷機器に
※壁、天井、床および下水施設へ
※セントラルサニタイジングシステムなどに
※レトルトおよび作業水用に
※スパイラルフリーザー等々へ

このような施設等で－

- 適切な殺菌をしているにもかかわらず、高い微生物カウントや悪臭に悩んでいる
- 配管の入り口／出口または給水フィルターやスプレーヘッドの詰まり
- 熱伝導率又は水圧の低下
- 設備機器や配管の腐蝕や劣化
- 微生物の増殖による再汚染

等のいずれかで悩んでいることがあれば、それはプラント内にバイオフィルムの問題を抱えている証拠と断言できる。

（1）バイオフィルム・コントロール

　例えば、熱交換機のチューブ内に付着するスケール、食品加工工場等の配管内のスケール、あるいはクーリングタワーの藻類とか蓄熱層の悪臭等は、一般に「ミズアカ」に起因するとされている。このようなミズアカと呼ばれるものの中で特に表面において有機体が付着して形成されるものをバイオフィルムと呼んでいる。その有機体にはシュードモナス・フラギ（Pseudomonas fragi ＝冷蔵したバター内で悪臭を放ったり、腐らせたりする脂肪分解性好冷

菌）あるいはシュードモナス・フルオレスセイン（Pseudomonas fluorescens；蛍光菌）のような非病原性バクテリアおよびサルモネラまたは単球症リステリアのような病原菌を含んでいる。そのため栄養分を絶えず供給している食品加工工場等では、特にバイオフィルムが絶え間ない割合で成長し続け、バクテリアがコロニー化し、そしていったん作られたこのコロニーのフィルムは不可逆的に成長していくこととなる。但し、このミズアカと呼ばれるものの本来の意味は、カルシウムあるいはマグネシウムのような硬水中のミネラル析出物によってスケールが積み重ねられ、成長する無機質のウォータースケールでありバイオフィルムとは異なっている。

1994年12月に発行されたアメリカの食品テクノロジー研究所による"Food Technology"に、バイオフィルムに関わる素晴らしい調査結果がある。それは「微生物の付着とバイオフィルムの形成」と題する論文で、「食品工業界における新しい問題点」[16]として発表され、食品加工環境における食肉類を含む食品素材と接触する加工施設の表面のバクテリアの付着を論ずるものである。

そのハイライトを列挙すると：

> 食品と接触する環境におけるバクテリアの付着と定着は、以下の三つのステージを含んでいる。即ち；
>
> Ⅰ.**初期付着：**これは表面においてバクテリアと接触してから20分から2時間の間に発生することとなる。シュードモナ

> ス（Pseudomonas）属は、例えば、絶えず動いている牛乳の流れの中で 25℃において 30 分以内に 4℃においては 2 時間以内に付着の状況が見られるようになる。またリステリアにおいては 20 分の間にステンレススティル表面への付着が実証されている。
>
> **Ⅱ．表面でのバクテリアの固定化**：ここではこれらバクテリアが表面においてセルが実際に膠着状態となる細胞外物質を作り出す最も重大なステージであり、この段階で既にセルはリンスによって除去し難くなる。
>
> **Ⅲ．バクテリアのコロニー化**：このステージになるとコロニーが「それ自身の生活の場」として根付くこととなる。複合ポリサッカライド（Polysaccharide ＝ 澱粉、イメリン、セルローズ等、一分子当たり 4 個以上の単糖類を含む炭水化物）が有機酸などのような代謝副生成物の局地腐蝕による固着の結果および付加されたバクテリアの罠にはめられた状態で、知らない間に落とし穴に嵌るとき、金属イオンを化合させバイオフィルムそれ自体の化学的性質を変えることとなる。

　同研究所の調査員達は、熱に対する抵抗性と付着したリステリアおよび他の微生物の殺菌の研究をし、これら微生物が非付着セルより次亜塩素酸（遊離塩素，pH7.0）に対して 150 ～ 3,000 倍以上抵抗力があることを見つけた。さらにリステリアの付着コロニーは、非付着セルが同種のサニタイザーに 30 秒間曝露することで殺菌で

きたのに対し、塩化ベンザルコニウムおよびアニオン酸系消毒剤によると12〜20分間の処理でも耐性を見つけた。更に洗浄並びに消毒を繰り返した古いバイオフィルムは、より耐性を持っていることがわかっている。事実、「洗浄と消毒の間のインターバルが8時間を超えた場合、バイオフィルムの中に付着した微生物の数は、洗浄および消毒によって耐性を不活性にするポイントが増加すること」を見つけたが、これは金曜日の夜から日曜日の間の週末クリーニングが問題の度合いを強めることへの分かれ目であることをクリーニングの作業員に示唆していたこととなる。即ち；

> 全般の手順は、適切な洗浄に続いての適切な消バイオフィルムと戦うのに最も効果的な手順である、と示唆している。

そして二酸化塩素溶液が、塩素、ヨードフォアおよび第四アンモニウム化合物（中性）が最小限の効果しか顕わさないのに対し最も効果的な化合物の一つであることを証明している。

また2001年にアメリカ・ラスベガスで開催された二酸化塩素シンポジウムで米国環境保護庁（EPA）のAWWA研究財団による発表論文「ClO_2によるクーリングタワーのバイオフィルム制御」[17]（発表：Greg O. Simpson, Ph.D）の冒頭で「塩素剤、特に次亜塩素酸塩は消毒力が弱く、バイオフィルムへの浸透性に対して効果が期待できない」旨を明らかにし、そればかりでなく、塩素剤は安定性に問題があるためクーリングタワーにしろ、温水・冷水システムにしろ、長時間にわたる効果は望めず、殺菌効果が低下したときレジ

オネラ属菌がこれら施設に繁殖し、殺菌されることなくそのままバイオフィルム中のアメーバや藻類に寄生してしまうと述べ、さらにこれらアメーバは、バイオフィルムの分泌物（グリコカリックス、多糖類）に囲まれているため寄生したレジオネラ属菌は、あらゆる塩素殺菌や銀イオンの影響を受けることなく、よって殺滅されることなく増殖を続けることとなるとしている。

バイオフィルムはほとんどの給排水管システム中に存在している。そしてこのフィルムは一般に多糖類や水マトリックス中に包埋されている異なった微生物の分散した状態として定義されている。この細菌（マトリックス）がバクテリアの成長を保護する微小環境を提供しており、バイオフィルムはプラスチック、ゴムおよび金属を含むほとんど全ての表面に発生することができ付着をしていくわけである。逆浸透膜や限外濾過システムのような一般的に無菌状態とみなされているシステムにさえ、時が経つにつれてバイオフィルムは成長していく。事実、メンブランをベースとした浄化シ

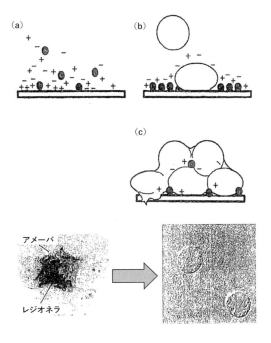

ステムにさえ、メンブランを通して病原性バクテリアが生育したことが報告されているほどである。バイオフィルムの成長の機能性についての最近の報告によれば、バイオフィルムが水道水の蛇口、歯科医の現場や、注水ホースの中の各ポイントで病原菌と一緒に種を撒き散らしている事実が明らかとなっている。更に不愉快なことにバイオフィルムは一度定着すると、これら微生物がシステムの端から端まで流れを遡って増殖し、チェックバルブの中や他の伝来の後方にある低い防止デバイスを通して成長し、全給水システムを汚染することになる。

　一般にバイオフィルムを形成しているバクテリアは無害で、リステリア、大腸菌 O-157：H-7 やサルモネラあるいはレジオネラ等がバイオフィルム中で生育することがわかってきたが、ほとんど公衆衛生上黙殺されてきた。しかしながら、企業的にこの成長は特に食品加工業界では大きな意味を持つ。食料品を冷却したり、加熱したりするのに使われる水の多くが使用する水を減らすために閉鎖した環境システム内に保持されている。生長したバイオフィルムは食料品に対して偶発的であれ、また直接接触することによってシステム内で混ざり合ったりする。充填システムから流出した食品の微小片、そしてこれらシステム中の様々な温度がバクテリアの成長に最高の環境を提供する。結果として生ずるバイオフィルム・マトリックスは無機堆積物にとって理想的なベースを提供するだけでなく病原性で、且つ、硫酸塩還元バクテリアを固定化させるポイントと保護の場を提供することとなる。食料品を汚染することについての明らか

な危機に加えて、熱交換効率の経済的な著しい減少、さらには腐蝕の増長がこの育成を原因としている。いくつかのこれらバイオフィルムの問題は、通常バクテリア・カウントを封じることによって立証できる。

その生育は一般的に水流やバイブレーションあるいは機械的手段によって取り除くことができる大きな固まりに達するまでは気付かずにいるのが常である。ポンプを再循環させることによってバイオフィルムのこの放出された大きな固まりが粉々になってシステム内を通って撒き散らされ、バクテリアカウントを大いに高める。従来から使われてきた消毒剤は、溶液中のバクテリアを効果的に殺すことはできるがバイオフィルムの母体に包み込まれた微生物に対しては極めて少ししか影響を及ぼすことができない。従来から使われてきた消毒剤を用いるときは、破壊的な除去方法と組み合わせた強アルカリや酸洗いでしか、バイオフィルムのないシステムにすることはできないし、それを維持するには定期的に行わなければならない。

如何にその有効性を実際のメカニズムが一部で未だ議論されているとしても、再循環システムの保守への二酸化塩素溶剤の使用は現在広範囲にわたって使われ、その資料を提供している。多くの注意が二酸化塩素溶剤の酸化能力に対して払われていようとも、他の酸化剤が高い能力を持つとされていようともバイオフィルムの制御には二酸化塩素溶剤に適う薬剤はないと断言できるだろう。即ち、溶液中の微生物を除去することにおいて二酸化塩素成分が最もアクティブであると主張しているが、バイオフィルム除去は異なったメカニズムによって達成されると考えられているからである。

二酸化塩素溶液は、厚生労働省等が述べているように本質的には亜塩素酸塩溶液であり、二酸化塩素の先駆物質である。亜塩素酸塩溶液が酸と組み合わさったとき、その結果として二酸化塩素ガスを生成する。このプロセスは「活性化」として知られている。数種の中間物質が活性化の後に存在することとなり、そして全てこの生成物の効力が微生物に対して寄与することとなる。亜塩素酸塩は優れた制菌剤であり、バイオフィルム除去の鍵となる。その低い酸化能力ゆえに、この化合物はバイオフィルムを追放するメカニズムとしての脅威を認知されず、形成母体中を通過するのみとみなされてきた。しかし一度バイオフィルム・マトリックスの中へ入ると亜塩素酸塩は、バクテリアの成長の副産物として発生した酸と接触するに至り、二酸化塩素の発生要因となる。バクテリアは、バイオフィルムの中で直ぐ続いて殺菌され、バイオフィルムの状態が失われていく結果となる。このプロセスは1990年にフィリップス石油社（現コノコフィリップス社）によって証明され、正式に提出された特許で例証された。フィリップスは自社の冷却水システムのプロセスに二酸化塩素水溶液を50ppm添加した。そして数時間当該溶液を再循環させ、そこにブドウ糖を100ppm添加した。ブドウ糖はバクテリアに栄養分を提供し、そして速い成長がその後続くからである。その結果24時間の内にシステムは本質的にバイオフィルムの無い状態に至った。いくつかの他の要素が特定の二酸化塩素製剤の有効性に影響を与えているけれども、上記の記述はメカニズムの例証として特に石油業界の人達の目を惹いたのである。

　実際上の使用として活性化した二酸化塩素溶液の使用はバイオ

フィルムを素早く、そして徹底的に現存するバイオフィルムを取り除くためのシステムへの「ショック」を与えるため150ppmの高濃度で行われた。バイオフィルム負荷が非常に大きいこのようなケースでは、システムを化学的そして機械的クリーニングを徹底的に行うべきである。クリーニングはシステムの循環を妨げるべき可能性を持つ蓄積された有機物質を除去するために提案される。さらに高い有機負荷の存在は生産物をダメにしたり、また効率を低下させ、出費を増やすことに繋がる。システムの殺菌後は二酸化塩素溶液5ppm濃度でシステムの清潔さが維持できる。

　活性化された濃度150ppmの二酸化塩素溶液はシステムに「ショック」を与えるので大いに推奨されるが、それが実現できそうにない場合に25ppmでの処理を即刻行うべきである。この方法は蓄積したバイオフィルムをすっかり取り除くのに数日から数週間要するが、この場合、注意すべきは剥がれた固形分を除去するのに絶えず注意を払うべきであり、溶液の中で剥がれたバイオフィルムの浮遊で高いバクテリアカウントとなることを考慮しておくべきである。バイオフィルムが完全に除去された後は、二酸化塩素溶液の投与レベルを暫時5ppmまで下げていって良いだろう。

(2) 廃水処理への活用

　二酸化塩素は、アメリカにおいて地方自治体の廃水消毒用に用いられてきた塩素の代替消毒剤として評価されてきた。その一つにアメリカで3カ所でのベンチスケールによる実験が話題となった。

先ず最初にバクテリアを数えるための二つの方法、メンブランフィルターとMPN(Most Probable Number；最確数)の比較を行い、次いで大腸菌群（coliform）バクテリアの殺菌ベースとしたClO_2に関連した不適切な行為をもたらす要素の調査、そして第三に塩素剤を含む二つの消毒剤による二次排水処理場でのウイルスに対する不活性化の比較である。そしてこれらの実験の結果が、パイロットスケールでテストした連続反応システムのコンセプトを発展させる上で終局的に広く用いることができた要因と考えられる。

即ち、当該テストはCivil Engineering Department Stanford UniversityおよびSanitary Engineering Research Lab, University of Californiaの共同研究として1978年にProgress in Wastewater Disinfection Technology[18]に発表された論文であり、冒頭にClO_2は廃水の消毒に関していくつかの例外的な特性が見られるが、特にそこには：

（ⅰ）広いpHレンジにおいて強力な酸化剤であり、

（ⅱ）常に測定可能な残留値をもたらし、

（ⅲ）より効果を減らすクロラミン形成のアンモニアとは反応せず、

（ⅳ）トリハロメタンを生成するような反応をしない。

等とあり、予備調査での主な目的として以下のことが中心として行われた：

 a）パイロットスケールでテストをし、実際上の処理施設での模擬デザインを準備するべく一連の反応システムのコンセプトを開発するため、および

b) 有効性とコストをベースとして廃水消毒への二酸化塩素と塩素の比較

そして二次排水における二酸化塩素の反応プロセス・デザインに繋がるそれらの特性を明確にするため：
　ⅰ）バクテリアカウントのための MPN および MF（Membran Filter ＝濾過膜）
　ⅱ）二酸化塩素溶剤の殺菌効果力のファクター
　ⅲ）二酸化塩素溶剤の殺ウイルス性
である。当該テストの ⅰ）バクテリアカウントのための MPN および MF の比較は、「廃水中の大腸菌（coliform）有機体の自然個体群の殺菌に従って ClO_2 および Cl の殺菌効果の有効性の予備比較」であり、また「廃水中の大腸菌バクテリア（coliform bacteria）カウントのための MPN および MF テストの比較」のためである。これらのテストの結果、概要として：
　ⅰ）Total Coliform（TC＝全大腸菌数）および Fecal Coliform（FC＝糞便大腸菌）を含めた MPN ならびに MF 法は測定の精度においては等しかったが MF は MPN 法より正確であった。
　ⅱ）二酸化塩素は、二次排水中で塩素より殺ウイルスにおいては著しくより効果的であったが、大腸菌（coliform）による測定では、消毒効果に ClO_2 と Cl_2 との間でそれほど異なった結果をもたらすことはなかったとしていた。

また興味ある論文として、1998 年 9 月にアメリカで発表された

"The Use of Chlorine Dioxide for Zebra Mussel Control - A Perspective of Treatment Histories"[19] がある。それによると1988年頃よりアメリカのエリー湖で Dreisseena polymorpha（一般的呼称としてのゼブライガイ）が発見され、岩肌、金属表面あるいは木材さらにはプラスチック、ビニール、ガラスまたはゴム等の硬い表面に付着したまま、約2.5〜3.8cmにまで成長して特にプラント等の取水口に大量に付着し取水口を困難にするばかりでなく、五大湖周辺の生態系維持に必要なプランクトンへの影響をも及ぼしてきた。なお、必要であればイガイ自身、細糸状の足糸を切り離し、より好環境な場所へと再付着するばかりでなく、水を通す濾過法を用いて補食し、呼吸し、その濾過量は1日に1L以上といわれていた。

　そこで二酸化塩素を使うことで、これらゼブライガイを絶滅させる実験がイリノイ州とウィスコンシン州にある三つの独立系公益事業所で行われた。電力供給会社等にとってこれらを制御することは、施設の効率化を最大限に活かすため極めて重要な問題となるため喜んで協力したとされている。そしてテストはいずれもエリー湖より採集したゼブライガイに対して施設の取水口での濃度0.15〜0.5ppmの二酸化塩素溶液を活性化させることでpH2.5〜3.5のレベル範囲で連続投与によって行われた。その際、ゼブライガイの選択は、最も健康な検体のみとして、30.5cm四方のフタ付きの容器内に30個ずつゼブライガイを入れたチャンバーに毎分1ガロン（3.785L）の原水を通るように設計し、ゼブライガイが順応した後、二酸化塩素処理を進め、二酸化塩素の効果を測定するため死亡率を以下の計算式で割り出した。

死亡率 ＝ ［息絶えたイガイの数］／［イガイの総数］× 100

※二酸化塩素の適用は以下の条件下で実施された。

	サイト1	サイト2	サイト3
プラント	公共事業	公共事業	公共事業
場所（州）	イリノイ	イリノイ	ウィスコンシン
水の供給源（河）	イリノイ	ミシシッピー	ミシシッピー
流量 （単位：100万 gal/day）	249 M	300 M	169 M

※各サイトの水の状態と死亡率は以下の通りであり、その結果、二酸化塩素の連続投与は殺陸貝剤として確かな効果を実証していた。

◎サイト1

水の状態

テスト日時	4/5～4/9	7/6～7/8	9/7～9/9
pH	8.5	7.8	7.8
水温（℃）	13.9	26.7	21.7
濁度	高い	低い	低い
残留 ClO_2 ppm	0.31	0.31	0.31

死亡率（%）

テスト年月	94/4	94/7	94/9
処理時間	92	48	45
ロケーションA	63%	97%	80%
ロケーションB	87%	90%	80%
ロケーションC	100%	93%	97%
ロケーションD	96%	87%	87%
対照区	0%	0%	0%

全てのテストにおいて ClO_2 の平均残留値は 0.31ppm である。

◎サイト2

水の状態

テスト日時	1/21～1/23	4/19～4/22	4/19～4/22	9/27～9/30
pH	7.8	7.8	7.9	7.9
水温（℃）	0.6	14.4	18.9	18.9
濁度	低い	高い	低い	低い
残留 ClO_2 ppm	0.3～0.5	0.15～0.3	0.2～0.3	0.25～0.4

死亡率（%）

テスト年月	94/1	94/4	94/5	94/9
処理時間	69	68	72	69
ロケーションA	86%	70%	70%	94%
ロケーションB	−	−	−	87%
対照区	0%	0%	0%	0%

全てのテストにおいて ClO_2 の平均残留値は 0.15～0.5ppm である。

◎サイト3

水の状態	
テスト日時	8/30～9/2
pH	7.5
水温（℃）	19.4
濁度	低い
残留 ClO_2（ppm）	0.22

死亡率（％）	
テスト年月	94/9
処理時間	70
全ロケーション平均	66%
対照区	0%

二酸化塩素の平均残留値は 0.22 ppm であった。

　生長したゼブライガイを2～4日間の間で効果的に根絶するのに酸化デマンドとして ClO_2 0.15～0.5ppm の連続投与で完全であることが証明され、全てのサイトにおいて対照区（非処理）のイガイは健全でそのものであった。即ち、ゼブライガイの呼吸が高まり、ClO_2 の摂取量が上がり、その結果より短時間の接触で死に至らしめることが立証された。結果的には「殺戮貝剤」としての二酸化塩素は、ハイレベルの濃度で素早く結果を出すというのではなく、1ppm 前後の濃度で効果的に死滅レベルを獲得できるものであり、環境上、且つ、経済上からもより有利な薬剤として採用できることを証明した。

　このようなデータの他、特にメンブランフィルター等へのバクテ

リアカウント制御、大腸菌ファージの要素（ファクター）軽減、そして二次汚水処理上でのウイルスの不活性化等と幅広い用途が証明されている。即ち、これまで使用されてきた塩素剤と比較したとき：

ⅰ）年間を通じて相対的に見たとき、給排水管の維持管理費等を考慮して計算すると費用効率が良くなっていた
ⅱ）汚染や健康被害への心配がなくなった
ⅲ）大腸菌等バクテリア、さらにはポリオウイルス等のみならず、クリプトスポリジウム等原生動物に至るまで殺菌可能であり
ⅳ）取り扱い上、手軽であり、且つ、安全であり、臭いの制御まででき、そして一番優位なことは、工場の運転を止める心配すらなくなったことである
ⅴ）加えて何よりもトリハロメタン生成等の心配を必要としない、即ち、最小限の有害副産物の生成

等と世界中から評価され、採用されているが、このような二酸化塩素溶液の処理能力によって忘れてならない活用がある。以下の項目に注意してもらいたい。

（3）環境保護への最適なサニタイザー

　先に述べてきた「1．消臭／脱臭」での洪水後あるいは火災跡の臭いの処理とバクテリアの制御、「食品関連への応用」での廃水に関わる土壌への影響等のみか、「7．工業用用途」で触れたように工場廃水を海へ直接放出されていた工場の廃水溝に付着する巻貝や二枚貝等軟体動物の付着が全くなくなったこと等多くの環境浄化等と二酸化塩素は多くの関連に寄与しているが、その他、動物を処理

している業界等で流出する血液の腐蝕等による悪臭の制御などと世界中より賞賛されている。その他特にメンブランフィルター等へのバクテリアカウントの制御、大腸菌ファージのファクター軽減、そして二次汚水処理上でのウイルスの不活性化等幅広い用途に応じてきた。

そこで1997年にイギリスで発行された"Disinfection Effect of Chlorine Dioxide on Viruses, Algae and Animal Planktons in Water"[20]の概要を記す。本項では水中に発生し、成長し繁殖するウイルス、藻類および動物プランクトン（Zooplankton＝動物プランクトンとも呼ばれる水中に浮遊する浮遊生物で小型甲殻類、クラゲおよび魚類の幼生なども含む）に対する二酸化塩素の殺菌効果のみならず二酸化塩素の殺ウイルスのメカニズムにまで及んでいた。特にこのようなウイルスは、大規模な流行性疫病あるいは水中に散在する、例えば、心筋炎、脊髄タンパク質炎、肝炎、脳炎、流行性耳下腺炎および疱疹などの流行へと繋がっており、蔓延の結果をもたらす要因となっている。

本研究において水中のPoliovirus type 1, Coxsacki type B, ECHO-11, Adenovirus type 7, Herpes simplex virus および MUMPS（伝染性、感染性あるいは流行性耳下腺炎）等ウイルスに対して1.0mg/L濃度のClO_2溶液でこれらウイルスを完全に不活性化しており、Chlamydomonas（クラミドモナス；淡水産の単細胞緑藻）やPhorimidium（フォルミジウム；シアノバクテリアのLLP群の一属で海礁や塩性湿地帯の堆積物としてマット状に生育する）に加えてUlothrix（ヒビミドロ；淡水および海水

中の糸状をした緑藻類ヒビミドロ目ヒビミドロ科の一属）および Ankistrodesmus（アンキストロデスムス；単細胞、非運動性の緑藻の一属）等に対して 5mg/L 濃度の ClO_2 溶液でより良い殺藻効果を顕わしていた。さらに屋内の池等に生息する Vorticell（ツリガネムシと呼び、定着性、絨毛類の原虫）、Opercularia（オパークラリア；有弁子嚢と呼ぶ、より薄い壁組織の環状部を囲む大きな環状の頂端の厚い部分を持つ子嚢）、Paramecium（ゾウリムシと呼ぶ淡水性の原虫の一属）、Nematalycidae（ネマタリシダエ；原始的な粘菌類の一網）、Englena, Nematodesma（エングレナ，ネマトデスマ；線毛虫サイトファリンクスの壁を補強する一群）および Metozoa（メトゾア）等の原虫および原生動物に対しても $5.0mg/L$ の ClO_2 濃度で 7.0 の pH 内で 20 分の接触で好結果を出していた。

　これらの結果一つを見ただけでも如何に二酸化塩素溶液は、周辺土壌への悪い影響を減らす、環境保護へのサニタイザーとして最適な化学物質であることが理解できるだろう。

　これまでに述べてきたように最初の段階として飲料水の消毒にはじまり、二酸化塩素はパルプおよび製紙業界、そして酪農産業、飲み物製品の業界、さらには果物および野菜の加工業界、または各種缶詰プラント、食鳥業界、牛肉処理業界へと進み、食品加工業界ではなくてはならない化学品となっていったのである。特に環境上好ましくないとされてきた廃棄物中のフェノール、硫化物、シアン化物、チオ硫酸およびメルカブタン等を含む特定の廃水処理施設等においての選択性を持っているため地方の廃水処理施設のみならず工業用廃水処理施設での採用が爆発的に増加していったことは言うま

でもない。そして今一つ適切な刺激的増強添加物として下げ孔（鉱山、油井、ガス田での下向きに掘削した孔）用アプリケーションとしても採用され、特に油田およびガス田で競って採用されるようになった。このようにして現在では二酸化塩素は何千種類もの産業用アプリケーションを持つに至った。

　しかし二酸化塩素はこのように多くの利点を持っていたにもかかわらず、比較的僅かな重工業用プラントでしか採用されてこなかったのも事実である。これは歴史的にみて、塩素剤と比べて安全性の問題解明が遅れていただけではなく、二酸化塩素そのものの取り扱い上の安全性、即ち、二酸化塩素の性質上長い間、二酸化塩素が塩素ガス同様、現場でガスを発生させることでしか使用できなかったことが起因していたと考えられる。しかし1995年以降、二酸化塩素ガスを水溶液中に安定化させる技術の開発によって一気にその用途を拡げてきた。

　高レベルの有機アンモニアまたはアミンを含むクーリングタワー等の微生物制御で塩素に効果がないことが実証されるに及んで二酸化塩素、特に二酸化塩素水溶液の採用は、これら濃密な汚染物質への使用結果から圧倒的とまで言われる成果を生んできた。併せて、二酸化塩素水溶液の環境に対する問題点など以下のようなカテゴリーが評価へと導かれた起因となったのである。

1) 環境に対する問題点：二酸化塩素は副作用反応が最小限であって、反応生成物としてその副産物もほとんどなく、またこのような反応生成物の無い環境を作り出すところが大きな利点であった。

如何なる有機分子も、一部またはそれらの全てを代謝させることで一つあるいはそれ以上のバクテリアを生存させることが一般的とされてきた。しかしながら、いくつかの分子、取り分けハロゲン化した炭化水素のその全てがバクテリアによって非常にゆっくりとではあるが代謝していくことが明らかとなってきた。これは環境上、塩素化した炭化水素の積み重ねの結果もたらされるものである。2000年前半まで支配されていたバクテリア進化理論は、ハロゲン化された合成分子が、もしそれ自体現実に発生しそれらが現実に発生する当該分子と構造的に類似しているならば、最終的には分解するとの定説であった。生物分解に対し、実際に抵抗力があること以外にこれら塩素化された炭化水素の多くが様々な生物に対し毒性があることが立証されてきた。このような要素が、例えば、塩素系溶剤であるハロゲンカーボンの使用によって一つ以上環境上の変化をもたらすことがわかってきたのである。

　ハロゲン化した夥しい量の炭化水素が、クーリングタワーにおいて水中に溶存する有機物とガス状化した塩素を含む塩素あるいは臭素ベースの近在（近くの元素）との反応の結果、生成されることとなる。これら汚染有機物は、クーリングタワーに、石油精製所あるいは石油化学プラントからの工程上からの漏出の結果として浮遊汚染物質あるいは補給水中に存在する天然生成有機物質として現れる。

　THMsの問題に加えてTOX（Total Organic Halides；全有機ハロゲン化合物）の量が二酸化塩素出処理下システム内では極端に低くなり、存在さえしなくなることが明らかとなってきた。さらに相

対毒性について議論する場合の四つの局面、即ち、消毒剤の相対毒性、消毒剤の半減期、その副生成物の相対毒性並びに反応生成物の相対毒性についてである。

　副生成物と共に遊離残留塩素は、水生生物に対して毒性を有しており、クロラミンもまた水生生物に対して非常にも強い毒性を有している。加えて有機塩素化合物は、毒性の強いことであまりにもよく知られている。

　水生生物に対する二酸化塩素の毒性についてもこれまで様々な議論がなされてきたが、一部を除いてほとんどの研究者は「塩素より数倍も毒性が低い」と報告している。毒性が低いと報告された論文の裏付けとなっているのは、二酸化塩素の発生で生成する亜塩素酸塩から二酸化塩素の毒性が分離することはないとの見解に立脚したものである。二酸化塩素の酸化副生成物である亜塩素酸塩は、通常50ppmより低いレベルを動物に与えたとき酸化（溶血性）ストレスの徴候を見たと報告されていることにある。しかし感染し易い固体に対する酸化ストレスは、1.0ppmと設定された飲料水中で全二酸化塩素、亜塩素酸塩または塩素酸塩のリミットとして左右されることから米国環境保護庁（EPA）等で当該数値を設定している。

　2）選択性：他の科学種との反応：飲料水処理および廃水処理アプリケーションについて多くの研究者が、塩素より二酸化塩素が際立って水の要求（デマンド）を下げることについての評価をしてきた。塩素は、様々な化合物と反応ことで知られているが、二酸化塩素は限られた反応、例えば、第二アミンとは非常にゆっくりとしか反応せず、また第一アミンあるいはアンモニアとは全く反応しない

こと等がよく知られている。このことが水の消毒処理に当たって塩素に勝る大きな利点となっている：即ち、「塩素は明らかにNH_3に反応してクロラミンを作る」

$$Cl_2 + NH_3 \rightarrow NH_2Cl + H^+ + Cl^-$$

これらクロラミンは、例えば過度に塩素処理したプールに入ったとき、眼に焼けるような刺激を感ずる原因となる化合物である。

3）消毒後のバクテリアの再生：高度な塩素処理後の極めて有機的な装荷システム内で、バクテリアの急速な再増殖現症が確認されている。殺菌消毒後、どれほど早くバクテリア群が再確認されるかは非常に重要な問題であり、バクテリアの再生と呼ばれ、関係者の関心が集まっている。これまでの研究によれば、塩素による廃水処理施設では殺菌消毒後、該当する施設でのバクテリア軍の再確認が他の場合と比べても早いことで知られている。しかし、共に消毒した同じ流れの中で二酸化塩素を用いた場合、バクテリアの再生が随分と遅いことがわかってきた。同様の現象が、一種の臨界熱交換器の汚染問題を取り組むフェノール破壊を用いたクーリングタワー内で観察されている。しかし二酸化塩素を当該熱交換器の直前で投与したことで熱交換器の清潔度を保つことが明らかとなり、二酸化塩素導入前には温度のアウトレットプロセスでレベルを保つことができなかったが、二酸化塩素を投与して一週間後でさえ、それは止まったままでいたことが確認されているのである。

二酸化塩素製剤は、上記のような利点のみにかかわらず、他の項

目で再三述べていますように安全性はもちろん、殺菌消毒などの点においてもバイオフィルムの制御を含み、ずば抜けた効果を発揮する等して工業用の諸システムで追いに貢献している。しかし一部からは「二酸化塩素製剤は、優れた効能効果を発揮するかも知れないがコストが合わない等との話」をよく耳にする。

　本当にコスト的に合わないのか？

　それは二酸化塩素製剤と次亜塩素酸塩の1L当たりの単価を単純に比較しているからに過ぎない。事実、例えば二酸化塩素で処理したカット野菜の後濯ぎは、次亜塩素酸塩の場合30分もかかるのに対し、二酸化塩素製剤による処理の場合は、たった5分間で十分であることからも証明されている。それは二酸化塩素製剤の性質によるもので殺菌処理をした後、簡単な濯ぎのみで安全が保障されているからである。即ち、後濯ぎの時間が少なくて済むことから、結局はコストの削減へと繋がっていくのである。

　その他、例えば工業用クーリングタワーの殺菌剤として理想的な選択として二酸化塩素製剤に勝るものはないことが少しはわかっていただけたと思うが、上記のカット野菜のときと同様、塩素の代替として用いるのにコスト上の不安を抱くユーザーがいることは事実である。確かに二酸化塩素の使用コストをガス状塩素と比較した場合、数倍あるいはもっと高くなるが、上記のカット野菜と同様、二酸化塩素は塩素剤の代替たり得る利益を上げることがわかっている。実際に大いに汚染されたシステムにおいて二酸化塩素の使用コストが塩素のライバルとなり得るかを考えてみよう。

　クーリングタワーに付着した大量のバイオフィルムを除去するの

にかかるコストは莫大な金額になる。さらにこのようなバイオフィルムの生成によって発生するレジオネラ属などの汚染問題は、特に注目に値すると考えられる。

しかしながら、二酸化塩素製剤で処理されるクーリングシステムではバイオフィルムの問題は考慮外の問題となる。事実、例えば発電所の排水口に付着するゼブライガイ等軟体動物の付着問題の解決まで考慮すれば自明の理である。

8. 医療関連への活用

(1) 総合的医療用用途

これまで述べてきた「2．水道水への応用」、「3．遊泳プール、温浴施設への応用」、あるいは特に「5．食品関連への応用」等で二酸化塩素の殺菌、殺ウイルス、さらには殺真菌剤としての効力をそれぞれの応用関連において説明してきた。このような状況下において二酸化塩素製剤は非金属、熱に敏感で、再利用できそして非臨界医療器具用への消毒用にも世界中で推薦されるようになってきている。その理由の一つに「胃腸用エンドスコープ洗浄と消毒」[21]についてイギリス協会の特別諮問委員会のレポート（1998年にWorking Party Report として発表）があり、冒頭に次のような一文がある。即ち；

イギリスにおいてエンドスコープの消毒用に最も一般的に使用されてきた薬剤は2％のグルタルアルデヒド（glutaraldehyde：$C_5H_8O_2$で、電子顕微鏡の固定液として用いるジアルデヒドで特に核形態学や酵素活性の局在化に対して用いる。さらに加熱滅菌できない器具・装置の消毒あるいは滅菌用の殺菌剤としても用いる）であった。しかしながら、最近、グルタルアルデヒドの使用に対してエンドスコープを取り扱う職員から（グルタルアルデヒドのACGIHが0.05ppm‐天井値で皮膚感作性および呼吸感作性を起こすため）拒絶反応が出るようになってきた。そこで1994年に健康安全委員会のイギリスCOSHH（Control of Substances Hazardous to Health；健康有害性物質管理委員会）で検討がなされ、より安全に使用するよう安全性規則を改定し、グルタルアルデヒドの大気中のレベルを減少させるべく勧告した。そしてグルタルアルデヒドの代替消毒剤の検討を重ね、少なくともエンドスコープ・コンポーネントおよび汚染機器に対して刺激することなく互換性を顕わす殺菌剤をと検討に検討を重ね、過酢酸などが挙げられたが、過酢酸の酸っぱいような臭いの発生などと残留性問題等からさらに検討が重ねられた結果、二酸化塩素製剤が議題に挙がった。しかし、二酸化塩素製剤は一度活性化すると限られた時間内に密閉された容器に貯蔵せねばならないという問題があり、また蒸散したガスに刺激性が考えられる等の問題があるとされ一度は見送られる仕儀（成り行き）となっていたが、その後、このような製品を用いる際に当該製品の<u>"SDS"等を充分吟味した上で事前に二酸化塩素溶液のメーカーおよび設備メーカーとその適合性など充分打ち合わせた上で採用すべき</u>

であるとの結論となった。

　一方で1997年にやはりイギリスのTracy Cowan, BA（Hons）Freelance Journalist, Londonより「感熱機器のための殺菌消毒溶液」[22]としてグルタルアルデヒドに替わる代替消毒剤として二酸化塩素製剤が過酢酸と共に推奨され、使用ライフが活性化した上で24－72時間であることの確認（25－30サイクル）ができたこと並びに活性化した製品といえども密封容器に保存している限り7－14日間維持することができることの確認などから二酸化塩素の採用を決定できることを発表した。

　また我が国においても、1997年に月刊誌『腎と透析』（東京医学社）の別冊にて「透析装置における消毒剤としての二酸化塩素の検討」[23]と題して釧路泌尿器科クリニックのレポートで述べており、その中で66.7ppm濃度の二酸化塩素溶液でテストされ、その結果として「二酸化塩素溶液は消毒効果、部品の劣化、腐蝕性、安全性に優れているため透析装置の消毒剤として有用であると考えられる」とした。

　加えて米国環境保護庁（EPA）の登録の下で非臨界医療用機器のための消毒用の一つとして病院あるいは介護施設等の一般清潔区（玄関ロビーや廊下あるいは外来の待合室のような通常の清掃法で対処する場所）、準清潔区（一般病室、外来診察室、臨床検査室、薬剤室、人口透析部あるいは洗面所や浴室そしてトイレなどのように消毒を要する場所）、そして清潔区（即ち、手術室、分娩室、新生児室、無菌室あるいは中央滅菌材料室などのように厳重な消毒・滅菌を要する場所）その他厨房、洗濯室および廃棄物置き場、さらには糞尿処理室を対象として20－500ppm濃度の二酸化塩素溶液

の使用を認めている。

　当該案件に関わる資料として以下の研究論文は参考になるだろう：

"International Journal of Environmental Health Research"（2010年4月発行）に発表された論文に、台湾の台南にある Chia-Nam University of Pharmacy and Science で実施された表題「ヘルスセンターの空気の品質改良」[24] は、「**5．食品関連への応用**」での付属文書「二酸化塩素水溶液の優位性」の中で記述した北里環境科学センターでのテストデータ「空中除菌テスト」に関連してヘルスセンターにおける大気中の環境についての調査報告書があった。それによると、最近屋内の大気汚染が切迫した課題となっており、その上、微生物によって引き起こされる汚染が世界中で増加の一途を辿っていることが関心事として発生し、特にヘルスセンターにおいて Bioaerosol（バイオエアゾールと呼び、大気中に浮遊する粒子状物質の総称で、花粉や胞子、真菌からウイルスや有機粉塵までを含むものをいう）に対する厳しい状況は、このようなバイオエアゾールの健康への効果に不利となり、また多くの職場環境におけるそれらの横行のため格別に近年懸念される問題となってきている（Huang 等，2002年；Orisini 等，2002年；Adhikari 等，2004年）。このような中において当該論文では、彼等はスタッフと学生のためのヘルス化学、診察および医療サービスについての知識を向上させるためとして各部屋のレベルをモニターし、且つ、二酸化塩素を適用することによって消毒の実施を目指したものであった。

テストはセンター内の6カ所から採集した空気によってバイオエアゾールレベルを測定することから始め、次いで二酸化塩素溶液を3種類の異なった手順：単一、多重および正規の消毒法によって評価したものであり、その際のバイオエアゾールレベルは平均環境で714 ± 1,706CFU/m^{3}であり、菌類は802 ± 633CFU/m^{3}を示していたが、テストの結果は多重および正規の消毒法でそれぞれ59.0％より高いレベルの効率を達成した。バイオエアゾールレベルの回帰分析は、ドアを開閉する度毎に部屋に入る人数に対して相関関係にあり、人々の数が$p < 0.05$の相関関係であることを示した。結論として、当該研究により二酸化塩素が殺菌剤としてヘルスセンターで0.3mg/m^{3}でバイオエアゾールの濃度を減らすために使用できることが明らかになったとし、多重消毒は人の数並びにドアの開閉がより多いとき、もっとも効果的な方法であることがわかったとしており、さらにこのような効果を劇的なものとする方法の一つとして二酸化塩素溶液をゲル状にしたものを各ルームに置くことでより効果が期待できるとした。当該論文は、病院並びに介護施設等におけるサニテーションに大いに役立つものである。

　医療関係から少し外れるが、自動車の車内の空気の清浄度についての資料に少し触れておきたい。それによると「人ごみの空気は汚く、朝の空気は綺麗と言われているが車内の空気はどうか？空気の清浄度の目安として空中の浮遊菌と有毒ガスを取り上げて、朝の市街地、海辺、高原、そして夕方の市街地へと車を走らせて調べた」ところ、市街地の車内に漂う菌のうち、一般細菌と黄色ブドウ球菌は、海辺や高原では少なく、市街地では朝より夕方に多くなってい

たと報告されている。高原における菌は真菌類が主であり、その他、シダ類の胞子菌と言われており一般的には0.5個/L濃度としている。そして市街地では満員の電車内とか映画館の中では菌類よりも寧ろCO_2によるとしている。市街地のCO_2は普通の状態で300－500ppm濃度であり、朝の車内ではこの程度の数値であるが海辺、高原を経て市街地へ戻ったときのCO_2は1,500ppmにまで増加していた。一般にCO_2の許容濃度は1,000－2,000ppmとされており、このような状態では問題はないとされるが車内で喫煙したり、渋滞した路上では2,000－3,000ppmと上昇し頭痛などを招くことや、窓を閉め切って走ることで酸素不足等も考えられる。このような事態を考慮すれば、また車の中に1人ではなく3－5人と同乗すればこのような事態がさらに増加の一途を辿ることになることから、二酸化塩素溶液によるゲル化剤を室内に配置すると共にできるだけ窓を開けるなどの注意を払うことが重要となる。

　もう一つの参考資料として"Journal of Oral Implantology"（2013年）に発表された黒山巖医学博士等の論文「酸性化亜塩素酸ナトリウムの殺菌効果－口腔液状化ゲルを含んだ：パイロット研究」[25]を紹介したい。

　当該論文は過去3－27年の間にインプラント治療を受けた患者の各ペリ・インプラント溝（深さ5mmまたはそれ以下）に発生するバクテリア（特にグラム陰性嫌気性桿菌 Poryphromonas gingivalis － ATCC 33277）を酸性化亜塩素酸ナトリウムを含んだ口腔液状化合成ゲルで殺菌するテストであり、ゲルから発生した二酸化塩素濃度は、それぞれ12.1, 14.1, 17.2, 21.2および39.3ppmであっ

た。そしてバクテリアを殺すための接触時間は45分または90分であったが、ペリ・インプラント溝中のバクテリアに対して化学的消毒剤として有効であったとしている。

最後に医療廃棄物についての論文を紹介する。

アメリカ・イリノイ州の"R&D Test Report"（1989年）掲載の「医療廃棄物に対する殺菌剤の働きについてのシミュレーション」[26]を取り上げる。この実験の目的は、伝染病廃棄物処理業者による機能的な特性において細かく刻んだ医療廃棄物中の微生物制御効果を評価するためのものである。

実験方法の概要は先ず全ての操作を滅菌した器具を用いて無菌状態下で行われた。予め測定した一般医療廃棄物をフラスコ内に入れて行い、テスト溶液の一つに対照を目的として滅菌した0.9％生理食塩水を室温において別個のフラスコに入れ追加した。そして廃棄処理物への作用を模擬実験（シミュレート）するため続いて30分間攪拌作業に当てられた。それが終わってから微生物コンテントの確認をするためフラスコ内から溶出液を採取し、無毒洗剤に多目のリン酸緩衝液をフラスコ内のスラリーに加え、混ぜ合わせるべく5分間さらに攪拌した。このステップは廃棄物中の固形分の中に残存し、生ずる微生物の働きを査定する目的でスラリーから残存バクテリアを取り除くためであった。またこの洗浄懸濁液のアリコートは実験から得たものである。

未稀釈のアリコート、1：10および1：100に稀釈した溶液各10mLの消毒液と洗浄懸濁液中に生存する微生物の合計数を量的に測定するため0.2μm口径の個々に滅菌したフィルター膜を通して

計測した。これらフィルターは中のものをそれから一般的用途に用いられている寒天培養基の平板上に接種し、液のサイドアップに接触させた。膜上に拡がった栄養素は、単一コロニーへと成長するため表面で分離し、単一微生物とした。その結果として液状サンプル中の1mL当たりに生存している微生物を計測するためカウントした。

結果、使用した細かく刻んだ医療廃棄物には、その予備評価で主にグラム陽性桿菌が見つかっており、1g当たり5×10^4セルより多くのフローラ（flora＝細菌・菌類その他の微生物の集合体）で既に汚染されていたことが明らかとなった。この種のバクテリアは通常不利な環境（乾燥した、栄養分が不足がちの微粒子中）中に形成される胞子菌で、それら胞子菌は一般の化学消毒剤の働きに対して極めて強い耐性を持つとされるものであり、他のテスト微生物を追加してテストする必要は全くないものと結論付けられた。

このようなサンプルに彼らが選んだ二酸化塩素溶液1mLに対して固形分1gの比率になるよう二酸化塩素溶液50mL中に固型廃棄物25gを混合して準備した。小さな微粒子からなる物質によって溶液中で吸着作用が起きたため35－37mLの消毒液が適時（2－3分）微粒子スラリーから取り出した。溶液をより完全に排出させるため長い時間を掛け、その後より高い殺菌効果を得るため推奨されている接触時間をより延ばし30分間にわたって曝露することで結果を出した。フィルター膜に引っかかって残存していた微生物の総数カウントを廃棄物処理の1日、2日、5日、6日および7日後にそれぞれ行われた。フィルターの培養は、微生物の成長が明らかに

なるよう時間を掛けてゆっくりと行った。またいくつかの微生物は自力で細菌のダメージを惹起する化学力を克服して力を回復するメカニズムと、時間と栄養素そして生長する条件に適した最適環境を与えて行った。2日および7日間培養された標本の原カウントは明らかに低かった。

内因性（endogenous ＝ 内部から生長する）廃棄物の生荷重は、予想したよりも遥かに高いことがわかった。また生理食塩水による対照区のカウントは、TNTC（Too Numerous to Count；数えるにあまりにも多いカウント）であり、二酸化塩素溶液では1：10でも1：100でも1日後は、消毒溶液中も洗浄懸濁液中も共に0カウントであり、2日後には洗浄懸濁液中の1：10でカウント6、1：100でカウント1を示していた。即ち、1：100でのカウント1とは、1mL中1だけを見つけたとは減少記録1,000 ＝ 0.001、log 表記法では10^{-3}即ち、log3の減少による1に分類されたことになる。そして7日後の二酸化塩素溶液に対しては消毒溶出液では＜Log 6.56であり、洗浄懸濁液ではLog 3.94を示していたと記録されている。このような記録から二酸化塩素溶液は廃棄物廃水中の液状あるいは固型微粒子状のいずれからも明らかに生存微生物として再生することはなかったと断言できる。

(2) コロナウイルス

米国環境保護庁（EPA）は、"Office of Public Engagement"[27]（2020年）に「コロナウイルス」のための消毒剤の認可製品を発表した：即ち、

表題 – EPAは新しい種類のコロナウイルスに対して使用するための消毒剤の有効性を高めるための努力を続けている。そして「本日(2020年4月15日午前8時49分)EPAはアメリカ人に有効、且つ、安全で効果のある消毒剤を保証するための追加行動を取った – 。

　その一つが、List NでありDisinfectant for Use Against SARS-CoV-2に対して用いるためのEPAの評価基準を満たしているものである。

　製品の認定：当該リストの製品を知るための最も簡単な方法は、採用した製品ラベルのEPA登録番号により当該番号を見つけることができる。

　ラベルに従うこと：EPAに登録された消毒剤を用いるとき安全と有効な使用を保証するため必ずラベルの指示に従うこと。

　これらによって貴方はSARS-CoV-2から守られるだろう。参考までに2020年7月に発表されたアメリカ・ヴァージニア州のMicrobac Laboratories, Inc.がテストしたSARS-CoV-2等に関連した「重症急性呼吸器症候群」に関わるウイルスの殺ウイルス懸濁液テストの概要を以下にまとめる。

－テスト概要－

タイトル：殺ウイルス効果の懸濁液テスト[28]
　　　　　コロナウイルス2に関連した「重症急性呼吸器症候群」
テスト法：ASTM E 105L-20：懸濁液中のウイルスに対しての殺菌剤の働きの査定（二酸化塩素水溶液使用）

チャレンジしたウイルス：

Severe Acute Respiratory Syndrome-related Coronavirus（SARS-CoV-2）

Strain：USA-WA1/2020, Source:BEI Resouces, NR-52281

結　論：結果は宿主細胞に対する如何なる細胞傷害を見ることもなかったし、また接触時間30秒以内でSARS-CoV-2の85.0－93.543％の減少を示していた。

（3）動物用医薬品

　二酸化塩素製剤は、1987年に農林水産省によって上記の他「ペット用消臭剤」あるいは「畜産用消臭剤」として「動物用医薬部外品」の認可を取得しているが、その他日本動物薬品株式会社によって観賞魚用等のための「白点病」あるいは「水成菌症」・「尾腐れ病」等の予防薬としての治療薬等の使用認可証をやはり農林水産省より取得している。そのために同社並びに関連会社で行われた観賞魚用治療薬認可のためのテストデータの一部を参考までに記す。当該テストでは動物用医薬品としての認定を得るため対象薬品の確認試験からはじまり6カ月間の安定性試験、さらには一般的な急性毒性、亜急性毒性などにまで及んだ（いずれも異常なしの結果を得ていた）上に対照となる「観賞魚の安全性テスト」[29]を行った。

　テストはワキン、ニシキゴイ、グッピー等以下に示した観賞魚の行動（狂ホン泳、鼻上げ、立ち泳ぎ等）並びに外部状態（脱鱗、体表の出血、眼球の白濁、粘液の異常分泌）について二酸化塩素溶液

によって実際に飼育する飼育水中での影響を確認するべく行われたものである。**表**は、試験魚およびテスト条件を記載したものであり、その結果、二酸化塩素水溶液は、白点病等に"効果あり"と判断され、「動物用医薬品」に認可を取得した。

◎試験魚およびテスト条件

試験魚	平均体重	飼育魚数	二酸化塩素濃度 × 飼育日数
ワキン	3.7g	15	0 ppm × 10日
		15	5 ppm × 10日
		15	25 ppm × 10日
ニシキゴイ	5.2g	15	0 ppm × 10日
		15	5 ppm × 10日
		15	25 ppm × 10日
グッピー	1.5g	15	0 ppm × 10日
		15	5 ppm × 10日
		15	25 ppm × 10日
エンゼルフィッシュ	4.3g	15	0 ppm × 10日
		15	5 ppm × 10日
		15	25 ppm × 10日
スマトラ	2.1g	15	0 ppm × 10日
		15	5 ppm × 10日
		15	25 ppm × 10日

［注］a) テスト期間中、飼育水のpHおよび二酸化塩素濃度は、試供魚の飼育に影響を及ぼすような値、若しくは変動は認められなかった。
b) 試験期間中全ての供試魚について斃死などは認められなかった。
c) 全ての供試魚について異常な行動（狂ホン泳、鼻上げ、立ち泳ぎ）および外部の異常（脱鱗、体表の出血、眼球の白濁、粘液の異常分泌）は全く認められなかった。

※以上の所見より二酸化塩素水溶液は白点病予防等に有効な濃度（5ppm）の5倍量までは観賞魚に対して安全であるとの判断をした。

8. 医療関連への活用

第2章
二酸化塩素の本質

　二酸化塩素は、イギリスの化学者であるサー・ハンフリー・デービー（Sir. Humphry Davey）によって1811年にガスとして発見された。二酸化塩素は、塩素原子として原子番号17をもっているが、KおよびL層の20個の電子が塩素の反応性に直接干渉することはなくM層の7個の電子が価電子（原子価電子とも呼び、原子価その他の科学的性質を決定する電子）を形成していく。当該元素の動きは、下記の化学式のように7個の対の単純酸素化合物の形成をすることが明らかである。

$$Cl_2^{I}O,\ Cl^{II}O,\ Cl_2^{III}O_3,\ Cl^{IV}O_2,\ Cl_2^{V}O_5,\ Cl^{VI}O_3,\ Cl_2^{VII}O_7$$

　しかし、ClO基は不安定であり、有効期間内に単離することができない化合物である。これら化学式における主たる化学式について少し触れておくと：

Cl_2O ：無水の次亜塩素酸である一酸化二塩素
ClO_2 ：これらClO基の中では、比較的安定である二酸化塩素
ClO_3 ：Cl_2O_6または六酸化塩を産み出す二量化によって安定した素

となる三酸化塩素
Cl_2O_7：無水の過塩素酸である七酸化二塩素

　このような化合式を見た結果、安定性の低い二酸化塩素の化学反応が、Eachus によって再検討され、実際的な理由であるとして亜塩素酸塩 $NaClO_2$ と見なされている。その後、現場で生成することができない用途が増えてくるに従って、更に二酸化塩素の安定性をより長くすべきであるとの見解から各社がこぞって二酸化塩素を水中に安定化させる処方を競いあった結果、「安定化二酸化塩素溶液」、「水成二酸化塩素溶液」等への製法が広まった。即ち、下記のように表される二酸化塩素の反応から、二酸化塩素が亜塩素酸塩による第二ステージの酸化によって成り立っていることが理解できるであろう。

$$ClO_2 + e^- \rightarrow ClO_2^- \rightarrow (+ 4e^- + 4H^+) \rightarrow 2H_2O + Cl^-$$

　ご承知の通り、塩素は 1900 年代の代表的な殺菌剤として世界中に拡がったが、二酸化塩素は取り扱い上、特にその安定性に問題があったため、スポットライトが当たったのは 1940 年に入ってからであり、その辺りから漸くパワフルな漂白剤として進められ、その結果、小麦粉の漂白用に、そして都市水道から嫌な味と臭いの除去のためにと用いられるようになり、世界中から認められるようになった。

二酸化塩素の大凡の歴史を振り返ると：

1970年代：化合物として二酸化塩素製品の誕生
1976年　：アメリカで環境保護庁（EPA）が設立され、トリハロメタンが塩素化の副産物とし、人々のための飲料水中に生成することが知られ、塩素の代替品として採用され今日に至る

　しかしながら、当該二酸化塩素の使用は飲料水への応用にしろ、当初、上述したように全てガス状での使用であったため更なる使用拡大を目的にして「液体化」した製品の開発が求められ、1970年代から1980年代にかけて何社かのメーカーが液状の二酸化塩素製剤へと歩を進めてきた。さらに二酸化塩素製剤は、「パルプあるいは小麦粉等の漂白剤」として「殺菌力が優れていること」等に加えて「悪臭の除去」が他の化学物質と比較して殊更に優れている事実等が明らかとなったことから競争が激化していった。しかし、このような二酸化塩素製剤へと歩を進める上で精製化した二酸化塩素水溶液の初期濃度を保つことの難しさ、あるいは「トリハロメタンの生成はない」とは言え、人体に対する安全性は本当に大丈夫か等々、疑問が出され、それらに対して一つひとつ答えを出しながら今日に至ったのである。

● 2001年2月アメリカ・ネバダ州ラスベガスにおいて「二酸化塩素」に関わる国際シンポジウムが開かれ、世界の研究機関が

参加し、二酸化塩素の効能効果並びに安全性等を含めた様々な項目について徹底的な論議がなされた。特にその中で注目を集めたのが Miami University Oxford, OH の発表した二酸化塩素の化学的概要、副題 "Is All ClO_2 Created Equal ?"[30] であった。

発表者が中心においたのが「二酸化塩素製剤中の不純物並びに副生成物の発生」であり、二酸化塩素の発生は塩素ガスからなのか、次亜塩素酸からなのかあるいは $5HClO_3$ 等からの酸の解放によるものか、さらには電解かなどなど。また副生成物の形成、中間生成物の生成、最適化の重要性を二酸化塩素ガス生成の生成技術、ガス移動テクニック、副生成物の最小限化に至るまで詳細に述べた。

第3章

二酸化塩素の安全性

　一般的に、我が国では二酸化塩素の安全性に関わる項目において以下のように記されている（『17524の化学商品』2024年版，化学工業日報社より）。
「激しい爆発性を持つ上化学的に活性が大で、多くの化合物や元素と爆発的に反応する。酸化力が強くて腐蝕性が大きいので、対腐蝕容器に入れて密閉し冷暗所に保存する」。そして安定化二酸化塩素溶液とした場合、有効二酸化塩素5%水溶液品でLD_{50}：2,000mg/kg（マウス）。

　一方、アメリカにおいて1987年4月17日付でFRに発表されたATSDR（Agency for Toxic Substances and Disease Registry；of the Public Health Service, US Department of Health and Human Services；米国保健福祉省の有害物質および疾病登録局）のToxicological Profile法に基づいて発表された米国環境保護庁（EPA）のガイドラインに従って準備された「二酸化塩素および亜塩素酸塩の毒性プロフィール」[31]には、以下のことを含んだ上で「健康への影響」について詳細に述べている。

（A）物質と関連した急性、亜急性および慢性的健康への影響のための重要なヒトへの曝露のレベルを確認するための危険物質に有効な毒物学的情報および疫学的評価の試験概要および解釈；
（B）各物質の健康効果が適切かどうかの有効な評価あるいはヒトへの健康の急性、亜急性および慢性的に健康への影響の際立ったリスクの存在である曝露を確認するためのレベルの開発プロセス
（C）ヒトへの相反する健康効果の際立ったリスクの存在があるタイプまたは曝露レベルを確認するために必要とされる毒物学的テストの適切か否かの識別

　このプロフィールは、民間の委員会でも再検討されていて公開レビューのための利用を可能としており、当該毒性プロフィールに述べられた内容およびその意図の最終責任はATSDRと共にあると明記されている。
　さらに2000年9月に米国環境保護庁（EPA）によって「二酸化塩素および亜塩素酸塩の毒物学的再検討」[32]が発表され、「毒性運動学的関連のアセスメント」に始まり、以下の項目について詳細が記されている：
　A）毒性運動学的関連のアセスメント
　B）危険有害性の同定

A）、B）を中心として、その中に「投与と反応アセスメント」並び

に「有害性および投与反応の説明における主な結論」を発表していたが、その中のいくつかを抽出し以下に記す。

A）毒性運動学的関連のアセスメント

1．胃腸の吸収

二酸化塩素は摂取後、消化管から急速に吸収された。プラズマレベルのピークに2時間後達成した。飲料水中の二酸化塩素100mg/Lに15日間曝露300mg/L $^{36}ClO_2$ の強制経口投与を受けたSprague-Dawley（SD）ラット※が2時間後達成した。

100mg/Lの単一強制投与の凡そ30％は、72時間後尿の中に排出され、投与の少なくとも30％が吸収され、その吸収速度定数またはハーフタイムは、それぞれ3.77時間および0.18時間であった。なお、亜塩素酸塩の結果はこれらレポートからは明らかではなかった。

2．気道吸収および皮膚吸収

二酸化塩素および亜塩素酸塩の気道吸収についてのデータは突き止めることができなかったが、皮膚吸収で ^{36}Cl（放射性同位体）に分類される亜塩素酸塩0.6gを10匹の雌のSDラットの背中を剃ることで吸収モニターを行ったところ、プラズマ中へ最大吸収を ^{36}Cl の69.4μg％のプラズマ濃度に達したところで72時間後に観察視された。

※Sprague-Dawley（SD）ラット：安全性試験をはじめ、薬理・毒性・生化学・栄養・その他幅広い研究分野に使用されている汎用系統のラット。

3．分布

$^{36}ClO_2$ の単一 100mg/L 摂取投与について ^{36}Cl を血液からゆっくり排出させたが、排出のための速度定数およびハーフタイムはそれぞれ 0.0156/ 時間および 43.9/ 時間であった。そして血液からの排出は $^{36}ClO_2$ の 300mg/L の強制経口投与を受けるに先立って 2 週間にわたり飲料水中の二酸化塩素に曝露された SD ラットに少なくなっていた。そして速度定数およびハーフタイムはそれぞれ 0.022/ 時間および 31.0/ 時間であった。ラットの血液を取り除いた後、生じた標識化は体内を通して広く分配され、最も高い濃度であるけれど血液中と胃の中にそして小腸の中に見つけられた。肺、肝臓、精巣（300mg/L グループのみに査定された）、脾臓、胸腺および骨髄にも 100mg/L（単一投与）または 300mg/L（100mg/L に 2 週間曝露して飲料水）で 72 時間投与した後、標識化された高濃度が見られた。また $^{36}ClO_2$ 100mg/L の単一強制経口投与にもかかわらず、投与 72 時間後、プラズマ中の ^{36}Cl のほとんどのレベルは塩化物イオン（Cl^-）と亜塩素酸であり、塩化物と亜塩素酸の比率は 4:1 であった。

4．代謝

塩化物イオンは、二酸化塩素の究極の代謝物質である。尿の中で標識化された塩素の約 87％または 80％（処理した 0 − 72 時間後に収集）およびプラズマ（処理後 72 時間で収集）のそれぞれ 100mg/L の $^{36}ClO_2$ を単一強制経口投与したラットの結果としては、塩素イオンからである。亜塩素酸塩は主要代謝であり、尿とプラズマに ^{36}Cl はそれぞれ約 11％あるいは 21％と見なされており、尿中

の ^{36}Cl の約2％は塩素酸塩である。さらに in vivo（生体内）の回収研究で接種した二酸化塩素は、非酸化種まで胃のなかで急激に減少したと提唱しており（恐らくは塩化物）、in vitro（試験管内）で麻酔をかけて感覚を失わせた猿から得られた唾液によっては急速に塩化物イオンが減少していた。一方、亜塩素酸塩においてはSDラットの尿中で回復した ^{36}Cl の約85％は10mg/Lの $^{36}ClO_2-$ の単一強制処理を施して0－72時間後は塩化物からであったが、残留した15％は亜塩素酸塩として存在していた。

5．離脱

放射性亜塩素酸塩ラベルには、$^{36}ClO_2$ 100mg/L の単一強制経口投与を施されたラットの尿中に投与後の最初の24時間でラベルの18％が尿中に排出され、糞便中には4.5％であったとされ、さらに投与後72時間後でラベルの31％および10％が尿および糞便中にそれぞれ排出され $^{36}ClO_2-$ に対する ^{36}Cl の比率は、最初の24時間では5：1であり、72時間中では4：1であった。そして亜塩素酸塩は、投与後24時間でラベルの14％が尿中に0.9％が糞尿中に排出され、投与後72時間後では尿と糞便にそれぞれラベルの35％および5％であった。

B）危険有害性の同定

1．経口投与

1981年より1984年にかけてアメリカのLubbers等によって行われた健康な成人男子に対して行われた二酸化塩素の短期毒性テストで、第1の研究では10人の健康な平均70kgの成人男子に0または24mg/Lを500mLずつの分量で2回（計1,000mL）を飲ませ、

第2の研究では同様の成人男子に1日当たり推定0.04mg/kgを含んだ500mLの蒸留水を12週間与え続けた結果、いずれの研究でも一般的な健康（観察および健康診断）、バイタルサイン、血液学上（赤血球および総合的そして示着滴白血球カウント、ヘモグロビン、ヘマトリックおよびメトヘモグロビンを含む）あるいは血清臨床化学的（グルコース、電解質、カルシウム、窒素化尿素、酵素レベルおよびコレステロールを含む）パラメーターあるいは血清トリヨードサイロニン（T3）およびサイロキシン（T4）レベルあるいは血液学パラメーターに少しも生理学的関係のある変化などは見つからなかった。そして亜塩素酸塩においても全般的な健康、バイタルサン、血液学的パラメーターあるいは血清臨床化学パラメーターに変化はなかった。

2．二酸化塩素で消毒された水について

水の消毒は元来「塩素消毒」が中心として長い間続いてきたが、塩素消毒による発ガン性物質トリハロメタンの生成が明るみとなり、代替消毒剤として酸化反応による代表的な消毒剤としての二酸化塩素が世界中で採用されるに至った。このようなことから水の消毒により考えられる毒性については以下の項目が検討された。

1981年から1996年にわたってMichael等、Tuthill等およびKanity等によって二酸化塩素で消毒した水を用いて一般大衆を対象に調査した。調査の主な内容は、Tuthill等およびKanity等は発生毒性を中心とし、Michael等は二酸化塩素処理水を飲む1週間前から飲み始めて10週間後までにわたり、凡そ200人の一般大衆を選出し、血液学（赤血球、白血球および網状赤血球カウント、ヘモ

グロビンおよびメトヘモグロビン、ヘマリック、平均血球容積および浸透圧破壊性）および血清化学（血中窒素化尿素およびビクルビンレベル）を中心とした測定を基に調査がなされた。

その結果、血液学的または化学的変化は見られなかったと結論付け、さらに Tuthill 等が力を注いだ胎児、新生児、生後1年あるいは乳幼児に対しても悪影響を与えた形跡は見られなかったとしており、出生時の体重、性比または出産条件に対しても影響を与えることはなかったことを確認して、米国環境保護庁（EPA）は母親の年齢をも照査した結果、早産児の比率が増えたり、出産後の著しい体重ロスもなかったと結論付けた。

3．吸入曝露

二酸化塩素に対する付帯的な吸入毒性の症例についてこれまでもいくつかの報告が文献等に載っているが、そのほとんどが咽喉部の炎症あるいは頭痛の体験等であったと記録されており、統計的にはあまり重要ではなかった。そんな中で米国環境保護庁（EPA）による下記の報告は記憶に残った一つである。

Gloemme および Lundgren（1957）、Fenis 等（1967）そして Kennedy 等（1991）は、設備の故障から生じた高濃度の二酸化塩素に偶発的に曝された労務者を調査した報告として以下のようなケースを記した：即ち

a）Gloemme および Lundgren は、亜塩素酸セルロースの生産設備で従事していた12人の労務者の呼吸状態を調べた。通常の作業条件下では大気中の塩素濃度は0.1ppm より低かった（二酸化塩素レベルで測定できなかった）が偶発的な設備の洩れ

で二酸化塩素、塩素および／あるいは二酸化硫黄の高濃度水準をもたらすことがあり、その場合、労務者はこれらの洩れに曝されることで呼吸不安（息切れ、ゼイゼイ息をする、のどで炎症を起こす）または眼を妨げる（結膜炎またはhalo phenomena＝暈輪減少）と報告した。

b) Ferrisの研究では、パルプ工場で働いている147名の男性と製紙工場で働いている142名の男性を比べて肺機能（強制肺活量、最大呼気流量、強制呼気流量および強制呼気量）に著しい変化はなかった。

c) そしてKennedy等の報告では、塩素および二酸化塩素に曝されて働く321名の工場労務者が息切れおよびゼイゼイと息をして働くことで同時に起こる息を切らす罹病率の著しい増加が実測された。パルプ工場の個人的荷重平均（time_weighted average；TWA）は、二酸化塩素が0.1ppm以下であったのに対し塩素濃度は5－14ppmであり、パルプ工場で働く労務者の60％が塩素あるいは二酸化塩素gassing（ガス中毒）にかかり易いとの報告書を出している。但し、本項において亜塩素酸塩についての報告は見つけられなかった。

4．経口曝露

2000年までの間に二酸化塩素の慢性毒性をはじめ血液学的システムについては様々な機関を通して研究がなされている。その一例として、慢性毒性についてHaag（1949）の研究でオス・メスそれぞれ7匹に対して2年間にわたり、飲料水中に二酸化塩素を0, 0.5, 1.0, 5.0, 10および100mg/L（米国環境保護庁（EPA）の計算では

1日当たり 0.07, 0.13, 0.7, 1.3 そして 13mg/L）で曝露した結果、二酸化塩素に関連した変化はないことが発表されており、他の様々な研究グループでも同様の結論とした。しかし、Bercz 等（1982）の研究では、完全に成長したアフリカサバンナモンキー（南アフリカ産の尾長サル）の 5 匹のオスと 7 匹のメスに 0, 30, 100 および 200mg/L の二酸化塩素に 4 〜 6 週間曝露された結果、200mg/L への曝露で紅斑と口腔粘膜に潰瘍が生じ鼻から粘液（mucous）が出たサルが見られ、また幾らかのサルが 200mg/L への曝露で脱水症状を示していた。しかし、血液臨床化学（赤血球、全および特質的白血球そして網状赤血球カウント、ヘモグロビンレベル、ヘマトリック、浸透脆弱性およびメトヘモグロビンレベル）あるいは血清臨床化学（クレアチニン、血液尿素窒素、アルカリホスファターゼ、乳酸デヒドロゲナーゼおよびアラニンそしてアスパラギン酸アミノトランスフェラーゼ）パラメーターあるいは体重増加の著しい変化はないことが観察された。また Moore および Calabrese（1982）の 10A/J または C57L/J ネズミ（性別は明らかではない）のグループへの 30 日間にわたる 100ppm の二酸化塩素濃度の飲料水曝露においてもいずれのネズミにも損傷は観察されなかった。

しかし、亜塩素酸塩については Harrington 等（1995a）による 13 週間にわたる Crl-CD（Sprague-Dawley）BR ラット（15 組のオス・メスグループ）に対しての胃管による強制給餌を通してのテストの結果、亜塩素酸塩を 1 日当たり 0, 10, 25 または 60mg/kg の投与を施した結果、1 日当たり 60mg/kg のグループで 4 匹の動物が死に、そしてまたオス・メス両性に対して唾液分泌が表れ、赤血球カウン

トがかなり減少し、そして全血清プロラインレベルが減少していた。1日当たり60mg/kg給餌されていたオスにヘマトリットおよびヘモグロビンの著しいレベル減少とメスにメトヘモグロビンレベルがかなり減少していたにもかかわらず、メトヘモグロビンおよび好中球（白血球の中で約60％を占める種類で細胞質に小葉形の核と中性好性顆粒を持つ食細胞性のもの）レベルの増加が見られた。しかしながら、亜塩素酸塩において知られている酸化の効果にもかかわらず、予期しないメスにメトヘモグロビンが減少した理由については研究者達によって議論されていなかった。

またHaag（1949）による慢性の研究でオス・メス7匹ずつのラットに2年間にわたり飲料水中に亜塩素酸塩を0, 1, 2, 4, 8, 100そして1,000mg/L（U.S. EPA, 1994bにより計算された通り1日当たり0, 0.09, 0.18, 0.35, 0.7, 9.3そして8.1mg/kg）に曝露した結果、100または1,000mg/Lの亜塩素酸塩濃度に曝露したラットは、腎臓細管に白色と薄桃色の縞のような糸球体状態あるいは外観の膨張状態によって特徴付ける腎臓病理学に関連した徴候が見られ、これらの効果はまた亜塩素酸塩1,000mg/Lと等モルの濃度の塩化ナトリウムで施された動物達のグループでも観察されており、研究者達は100mg/Lまたはより高い濃度へ導いた観察では変わらなかったと結論をくだした。

さらにMooreおよびCalabrese（1982）の亜塩素酸塩の血液毒性についての研究では、11-23A/JおよびG57L/Jネズミのグループに30日間にわたり亜塩素酸塩0, 1.0, 10.0および100ppmの飲料水（亜塩素酸塩として0, 0.75, 7.5および75ppm）を曝露した結果、赤

血球ボリューム平均、浸透脆弱性および6リン酸ブドウ糖活性の著しい増加が10ppmに曝露した両種のネズミに共に観察された。

加えて黒川等によって行われた（1986）口腔発ガン性の研究（マウスのデータは横瀬によって発表されている）で、F344のオス・メスのラットおよびB6C3F1ネズミのグループに対して亜塩素酸塩入りの飲料水（ラットに対して0,300および600ppm、ネズミに対して0,250および500ppm）を80〜85週間（回復期間を5週間として）にわたり曝露した結果、ラットの全グループではセンダイウイルス（パラミクソウイルス＝Paramyxoviridalの一属）で粒子は赤血球疑臭素およびノイラミニダーゼ活性を持つウイルスの一種でマウス一型に属すに感染していたと記しており、肝臓および肺腫瘍の著しい増加がオスのネズミに見られたなどとした。

これらの結果から、生成された二酸化塩素製剤には問題はないが、亜塩素酸塩の原型では問題があるとの結論を得た。

5．吸入曝露

PauletおよびDesbrousses（1970）は、ラット並びにうさぎ（品種は明記されていなかった）を用いて二酸化塩素の吸入毒性を研究するため四つの研究を行った：即ち、

(1) オス・メスそれぞれ5匹のラットに30日間にわたり1日当たり2時間ずつ10ppmの二酸化塩素（28mg/m^3）に曝露

(2) オス・メス10匹のラットおよび4匹のうさぎに30日間にわたり1日当たり2時間ずつ5ppmの二酸化塩素（14mg/m^3）に曝露

(3) オス・メス10匹のラットに30日間にわたり1日7時間ずつ

2.5ppm の二酸化塩素（6.9mg/m^3）に曝露
(4) 8匹のうさぎに 45 日間にわたり 1 日 4 時間ずつ 2.5ppm の二酸化塩素（6.9mg/m^3）に曝露した。その結果、以下のような悪い効果が 10ppm で見つかった；

鼻汁および眼の充血、歯槽上皮の剥離での限局性気管支肺炎 (localized bronchopneumonia with desquamation of the alveolar wpithelium) および赤血球と白血球レベルの増加。またそれほど酷くはないが呼吸器官への影響が 5ppm で観察された。即ち：

当該濃度では先ず、歯槽スペースのリンパ球性湿潤、歯槽管束の鬱血、歯槽の出血、上皮の爛れおよび気管支炎の炎症性湿潤が 2.5ppm に曝露されたラットで観察された。その他、2.5ppm に曝露されたラットの赤血球と白血球レベルにそれぞれ対照区の 85%と 116%であったことが記録されていた（統計学上の分析としては報告されていないが）等が見られた。

また Paulet および Desbrousses（1972）による追跡調査で 8 匹の Wister ラット（性別は明らかにしていない）のグループへ週 5 日間ずつ 2 カ月間にわたって 1 日 5 時間ずつ 1ppm の二酸化塩素（2.8mg/m^3）を曝露した結果、体重増加と赤血球および白血球レベルに対しては影響を及ぼしてはいなかったが、欠陥の鬱血および細気管支周囲の浮腫が見られたと報告し、当該準長期研究でラットの呼吸器への効果は 1ppm（2.8mg/m^3）の LOAEL（Lowest-Oberved-Adverse-Effect-Level；最小副作用容量と訳し、毒性試験において投与物質の有害影響が臓器に認められた最低の曝露量をいう）と特定

していた。

　なお、動物の吸入あるいは気管内吸入等のデータは亜塩素酸塩では見つかっていなかった。

6．生殖／発育（口腔および吸入において）

　当該研究の報告もいくつかされているが「生殖的影響」と発育上特に「神経性の毒性についての貴重な報告を以下に記す。

　a）Carlton等（1991）の報告では、Long-Evansラットを用いて56日間に加えて交尾期の10日間にわたりオスのグループ12匹に対して0, 2.5, 5.0および10mg/kgの二酸化塩素を加えた脱イオン水を毎日強制給餌投与を施し24匹のメスのグループに対しては交尾期に先立つ14日間および交尾期間中同様の強制給餌投与を施した。結果は死亡率、臨床学的徴候、出生率、精液パラメーター、妊娠期間、胎児脂肪、同腹の平均サイズあるいは赤児の平均体重等に著しい変化は見られなかった。また開眼日の統計的な著しい遅れも、1日当たり10mg/kgのグループの赤児では観察されなかった結果から投与に関係なく（1日当たり0, 2.5, 5.0および10mg/kgのグループのそれぞれ16.70, 15.59, 16.26および15.95日として）生物学的に重要であるとはみなさなかった。しかし、生殖器官臓器の重量の著しい変化は、F1のオスのラットには観察されなかったが、F1のメスのラットの1日当たり10mg/kgグループで全面的そして相対的に膣の重量に統計学上著しい減少が見られた。最終的に体重あるいは子宮そして卵巣の重量には差異は見られなかった。さらにT3またはT4レベルの変化に関連した二酸化塩素との結びつきは、F0のオスおよびメスのラットに、そしてF1のオスのラット（生後17, 28そ

して40日目に測定したホルモンレベル）では測定されなかった。これらを総合して当該研究で二酸化塩素の強制経口投与を受けたラットの生殖的影響は、1日当たり10mg/kgのNOAELと確定された。

その他、懐胎期間中のラットへの二酸化塩素の曝露試験、二酸化塩素に曝露されたラットの子供の出生直後の神経性発育上の毒性試験、さらには二酸化塩素に懐胎中および授乳期間も含め曝露を続けられたラットの子供の出生時および出生後の重量比較、あるいは血清レベルの変化、さらには運動機能の変化等のテストもされ、それぞれのレポートによるといずれも著しい変化はなかった。

b）TaylorおよびPfohl（1985）によって行われた研究で、メスのSDラットのグループに対して二酸塩素濃度0または100ppmの飲料水（0.35kgの体重に1日当たり0.046Lを投与することを基準にして1日当たり0またはmg/kg）を繁殖前の14日間、並びに懐胎期間と授乳期間を通しての曝露試験を行い、非曝露のメス親からのオスの子のグループには出生後5日から20日間、強制投与により0あるいは14mg/kgの二酸化塩素を施した。そして脳全体の重量、さらには小脳の重さの減少を観察した。脳全体の重量にかなりの減少が、概ね、小脳の重さの減少によるが飲料水中100ppmを受けたメス親の21日令の子孫中に見られた。小脳の全DNAコンテンツに減少がまた観察された：違いは早死亡濃密より寧ろ細胞のトータル数の減少によるものであり、運動機能（10－20日令と見極めた）では取るに足りないほどの減少が100ppmの子供に見られ、探索行為の可能な減少は、60日令の子等の100ppm中に観察されており、結論として、二酸化塩素を強制投与されたラットの子供の

体重および全面的相対的名全大脳および前脳重量、そして前脳のDNAコンテンツおよびトータル細胞数が21日令の子に見られた；小脳および前脳のDNAコンテンツおよびトータル細胞数は、21日令の子に著しい減少を観察、また18、19そして10日令のそれぞれにホームケージまたはホイルの回転機能にかなりの減少が見られた。このように飲料水中の二酸化塩素に曝されたラットの子孫の神経行動学的効果ためのLOAEL、大脳重量の減少および細胞数の減少を来したラットへの投与に酸化塩素量は1日当たり14mg/kgであった。

7. 他の研究
a) 発ガン性試験ほか

増殖性表皮過形成を誘発する二酸化塩素の可能性がRobinsin等(1986)によって調査された。その用法はメスのSENCARマウスの背の毛を剃り落とした5匹ずつのグループが0, 1, 10, 100, 300および1,000ppmの液状二酸化塩素を満たしたチャンバー内に入れられた；チャンバーは濡れから頭を防ぎ、上記の吸入を防ぐよう設計されていた。第1の研究で動物達は4日間にわたり1日10分間ずつ曝露された。小胞表皮の厚さに著しい増加が1,000ppmのグループに観察されたが、低濃度では見られなかった。皮膚部の総細胞数および基底細胞数の増加が、300および1,000ppmのグループ療法で観察された。第2の研究で40匹のマウスのグループが10分間にわたり0または1,000ppmの二酸化塩素に浸された；動物(5/グループ)が1, 2, 3, 4, 5, 8, 10または12日間曝露された後の観察で小胞表皮の厚さに著しい増加が、10および12日間の曝露終了後に最高

数値であることが全てにおいて観察されていたことから研究者は高濃度の二酸化塩素への短期的な皮膚曝露でさえ、マウスの皮膚への反応は過形成を誘発し易いと結論付けた。

Miller 等（1986）は、3回にわたる短期試験を用いて二酸化塩素で消毒された飲料水の発ガン性についてのテストを行った。二酸化塩素で2,000×および4,000×濃度に消毒した水（残留二酸化塩素0.5mg/Lを含む）で大型網状樹脂プロセスを用いて14－34匹のSENCARマウスのグループ（性別は特定されていない）で短期－促進試験を2週間にわたり週3回2%のEmulphor（エムルフォー）中で4,000×濃度0.5mLを経口投与し、20週間にわたり3回背部の皮にアセトンに12-tetradecanylphorbal-13-acetate（TPA；12-テトラデカノイルホーバル-13-アセテート）1.0gの極所曝露で適応し精察した。

その結果、vehicle（媒介物）対照区との比較で、皮膚腫瘍の数もまた動物当たりの腫瘍の数も著しい増加は観察されなかった。さらにStrain Aマウスのオス20匹とメス20匹のグループへ8週間にわたり、週3回2%のEmulphor中で2,000×または4,000×濃度0.25mLの強制投与を続け、16週間の観察を続けた結果、肺腺腫の動物の数と動物に対する腺腫の数にvehicle controls（媒体コントロール）との比較で著しい変化はなかった。

b）遺伝子毒性の研究

ポジティブおよびネガティブ両方の結果が、試験管内遺伝子毒性の研究で見つかった。二酸化塩素は、チャイニーズ・ハムスターの繊維芽細胞の中では染色体異常の増加を来さなかったが、ネズミチ

フス菌の復帰突然変異（reverse mutation = DNA に生じた突然変異が正常の型に復帰する突然変異）が増加を来していたと元国立衛生試験所の石館基等が発表した。しかしながら、二酸化塩素で消毒した水のサンプルで活性化の有る無しにかかわらずネズミチフス菌の復帰突然変異の誘発は起こらなかった（Miller 等, 1986）。また5日間にわたる連続した強制給餌を通して 0.1 − 0.4mg の二酸化塩素で処理された Swiss CD-1 マウスの生体内の小核および骨髄染色体異常の試験では、連続した5日間の強制給餌を通して 0.1 − 0.4mg が施された B63CF1 マウスの精子頭部（sperm-head）の異常試験の評価ではネガティブであった（Meier, 1985）とされ、更に Hayashi 等（1988）は、3.2 − 25.0mg/kg の二酸化塩素の単一腹腔内注入（a single intraperitoneal injection）を施した ddy マウスでの小核試験の結果はポジティブであった。

　石館等は1982年に食品添加物の「変異原生試験」（遺伝子の突然変異と染色体異常を顕出する方法）において上述した「突然変異」と共に Ames Test（カリフォルニア大学のエームズ（Bruce N. Ames）教授が開発した変異原生試験法）並びにマウスを用いた小核試験（micronucleus test = 変異原生試験の一種であって通常マウスを用いて披験物質を腹腔内に投与し、骨髄塗抹標本を作成し、多染性赤血球を観察し、小核を持つ細胞数を記録する）を行い、Ames テストでは小麦粉改良剤としての二酸化塩素で一部ポジティブ減少を認めたが他はネガティブであったとしており、一方、染色体異常誘発性試験では 0.25mg/mL の二酸化塩素処理では48時間目に倍数隊の出現率が12％を示したが、染色体の構造的異常は誘

発されなかった。

c) メカニズム

米国環境保護庁（EPA）（1994d）では二酸化塩素と亜塩素酸塩が作り出す血液学上および体系学的効果によって起こる働きのメカニズムについても広範囲にわたって論議してきたが、未だ完全に理解されたとは言い難いものがある。

その中でも二酸化塩素は赤血球およびメトヘモグロビンの産出における酸化ダメージを、酸化剤としてのそれらの効力に最適切に関連していることがわかってきた。その結果、二酸化塩素は血液学上の効果の点で多くの中間種であると考えられる。

一連の実験でBerczとその協力者（1982, 1986）およびHarrington等（1986）は、二酸化塩素は胃腸組織とその内容物に対して食べ物とヨウ化物を結合させ不足する機能的ヨード分の生成を増加させるとの結論を出したし、また、Bercz等（1982）は、二酸化塩素を4－6週間にわたり1日当たり＞9.5mg/kgを含んだ飲料水を与えたモンキーが循環チロキシンのレベルに減少を来したことを観察したが、1日当たり4.4mg/kgの亜塩酸塩を与えた結果では見つからなかった。更に追跡調査でHarrington等（1986）は1日当たり5mg/kgの二酸化塩素入りの飲料水に8週間曝露した後1年経過したモンキーの甲状腺ヨード分およびチロキシン・レベルの増加が実証された。モンキーと違ってラットでは1日当たり10mg/kgの二酸化塩素入り飲料水に8週間曝露した結果チロキシン・レベルの低下に関連した投与で甲状腺ヨード分接種には変化のないことが示された。

これらのメカニズムのいずれか、あるいは両方共どちらも再生発育、さらには未だ知られていないが神経性発育効果の誘発に応用できることがわかった。またその一つは、胃腸管に接種されるヨード分の変化が二酸化塩素によって誘発される甲状腺機能の低下による母親あるいは新生児の行動に変化を来すだろうと推測した。追加研究の結果、親二酸化塩素そして／またはそのオキシクロリン分解生成物誘発の遅れ、および胎児／新生児の神経性発育および母親の甲状腺機能あるいは、また直接胎児自体の生涯を通しての反応であることを理解する必要がある。

8．有害性および投与反応に関わる結論

　米国環境保護庁（EPA）によって発表されている報告書あるいは論文は、まだまだ多岐にわたっているが、最後に「人体への危険な可能性」の冒頭の陳述で当該「毒物学的検討」を終えた。

　二酸化塩素および亜塩素酸塩は、飲料水の消毒剤として、また織物および製紙工場の木材パルプ用漂白剤として用いられている強力な酸化剤であるとして発展してきたが、二酸化塩素および亜塩素酸塩は、胃腸管から急速に吸収され、血中でゆっくり綺麗にされていく物質であり、且つ、二酸化塩素および亜塩素酸塩は主として塩化物の携帯で体内を通して広く分布され、主に尿中でもって排出されていく「代謝物質」と考えられる。さらに二酸化塩素および亜塩素酸塩は吸入あるいは皮膚へ適用される「薬物動態学的データ」としての可能性はないとされる。

9．腐食に関わる件

　アメリカのRailroad Technologies社において軟鋼（S45C）およ

びステンレス鋼（304-SS）の腐蝕テスト（ASTM D-1280）において活性化した二酸化塩素溶液 30ppm 濃度への 8 日間の浸漬テストの結果、304-SS においてはテスト期間が過ぎても腐食は発生しなかったが、S45C においての重量損失（weight loss）は、1.3057％であった。またアメリカ農務省、農務研究局とミシガン州立大学の共同研究による腐蝕テストにおいては 304 ステンレス鋼（SS）、#5052 アルミニウム（Al）、#110 銅片（Cu）、#260 真鍮（Br）、#1020 低炭素鋼（LCS）並びにポリ塩化ビニール（PVC）および溶融亜鉛メッキ鋼板（GV）の 7 種類に対して 100ppm の二酸化塩素溶液を用いて ASTM G1-90 に従ってテストした結果、9 日間のテストにおける重量損失は（単位：g）、SS で ± 0.0003, Al ± 0.0023, GV ± 0.0020, PVC ± 0.0022, Cu ± 0.0022, LCS ± 0.0060, Br ± 0.0664 と示した。

ミシガン州立大学においては、実際に則した「ポテトの貯蔵においての腐蝕効果の評価」[33]を 7 種類の材料について二酸化塩素溶液並びに対照区として脱イオン水および 0.012M クエン酸溶液をもって行われた。なお、二酸化塩素溶液の濃度は、脱イオン水で 100ppm に調合した溶液で腐蝕効果のテストが行われた。そして求めていた腐蝕効果は下記等式（ASTM G1-90）を用い、年間腐食率を弾き出した。

$$腐蝕率 = KW/ADT （mmy\text{-}1）$$

［注］K ＝ユニット（8.76×10^4）当たりの定数（mmy^{-1}）

W = 減少した重さ（g）
A = 表面積（cm^2）
T = 曝露時間（h）
D = 材料密度（g cm^{-3}）

テストされた材料：#304 ステンレススティール（3.0mm 厚）
#5052 アルミニウム（3.2mm 厚）
#110 銅（3.2mm 厚）
#260 真鍮（3.2mm 厚）
#1020 低炭素鋼（3.1mm 厚）
PCV Type 1（3.2mm 厚）
溶融亜鉛メッキ後半（20 ゲージ @1.25oz/ft^2）

その結果と結論は次の通りである。

テスト溶液の初期 pH と標準誤差：

脱イオン水	6.13 ± 0.05
二酸化塩素溶液	3.12 ± 0.02
0.0012M $C_6H_8O_7 \cdot H_2O$ 液	3.00 ± 0.01

上記溶液に浸した試験片の重量変化は**表1**の通りであり、アルミニウム、銅、低炭素鋼および真鍮のサンプルが二酸化塩素水溶液中で最も大きな平均的ロスを表していたが、ステンレスではほとんど確認できないロスであった。この結果からみて二酸化塩素溶液を適

用する場合、ステンレス鋼あるいはチタニウムを用いることを提案するとの結論を出した。

◎表1　19日間のテストにおける重量ロス平均（単位：g）

	SS	Al	GV	PCV
脱イオン水	− 0.0001	− 0.0001	0.0198	− 0.0057
	± 0.0001	± 0.0001	± 0.0051	± 0.0005
二酸化塩素	0.0000	0.0314	0.0741	− 0.0088
	± 0.0003	± 0.0023	± 0.0020	± 0.0022
0.001 M クエン酸	0.003	0.0049	0.0825	− 0.0052
	± 0.0001	± 0.0003	± 0.0039	± 0.0007
	Cu	LCS	Br	
脱イオン水	0.0017	0.0213	0.0018	
	± 0.0004	± 0.0022	± 0.0005	
二酸化塩素	0.0944	0.1219	0.1588	
	± 0.0022	± 0.0060	± 0.0664	
0.001 M クエン酸	0.0349	0.1002	0.0345	
	± 0.0047	± 0.0011	± 0.0013	

［注］二酸化塩素水溶液はアルミニウムに曇りが発生し、溶液中に1日置いた場合、銅共々明らかに変色が見られ、真鍮においては標準誤差が生じていた。

なお、上記等式を用いて導き出した年間腐食率の比較は**表2**のような数値であった。

◎表2　年間腐食率の比較

抗腐蝕比	年間腐蝕比率（mm/年間）
抜群の	< 0.02
卓越した	0.02～0.1
優れた	0.1～0.5
並みの	0.5～1.0
劣った	1.0～5.0
容認できない	5.0＋

［注］年間腐蝕比率はFontana（1986）に基いて比較したものであるが、これ等の尺度に従ってみたときテストした全ての材料の抗腐蝕比は、100ppm濃度の活性化二酸化塩素溶液は、少なくとも"good"（優れた）物質であることがわかった。

また一般財団法人化学物質評価研究機構の報告による「アクリルライト」の二酸化塩素溶液に対する耐薬品性試験（JIS K 6911：2006に準拠し23±2℃, 16時間）によれば、1,000ppm濃度においても：

質量変化率（％）：＋0.2
寸法変化率（％）：－0.1

等の試験データ等がある。

第4章
二酸化塩素の化学的概要

　二酸化塩素水溶液は、化学的にみると「動的平衡溶液」である。即ち、その化学的構成は常に流動的で分光光度計等による測定では、その測定能力があまりにも緩慢過ぎて個々の動的変化を記録することができない。そのためこのような溶液を記録するには窒素ガスなどの封入の冷凍状態において電子の動きを止める「電子スピン共鳴法」（ESR）を用いなければならない。

　そして二酸化塩素水溶液は、動的オキシクロリン属として二酸化塩素分子が水溶液中で安定化しており、ル・シャトリエ（Le Châtelier）の平衡理論に基づいて「ClO_2 ガスを作り出している。つまり ClO_2 ガスの1分子が作られると平衡特性は次の1分子を求める」、即ち、「ClO_2 ガス1分子が消費されると、平衡特性は前の分子の代替として他の分子の生成を求める」こととなる。

　このような二酸化塩素の生成は、以下に記したように塩素化酸化物種としての分子構造を持ち、且つ、塩素ガス等から生成されている。

	種	分子構造
＋7	過塩素酸塩イオン	ClO_4^-
＋5	塩素酸塩イオン	ClO_3^-
＋4	二酸化塩素	ClO_2
＋3	亜塩素酸塩イオン	ClO_2^-
	亜塩素酸	$HClO_2$
＋1	次亜塩素酸イオン	OCl^-
	次亜塩素酸	$HOCl$
0	塩素	Cl_2
－1	塩化物イオン	Cl^-

そしてこれら塩素化酸化物種の中の二酸化塩素（ClO_2）は、以下のようにして発生させることができる：

塩素ガス： $Cl_2 + 2ClO_2^- \rightarrow 2ClO_2 + 2Cl^-$

次亜塩素酸： $HOCl + 2ClO_2^- \rightarrow 2ClO_2 + Cl^- + OH^-$

酸の解放： $5HClO_2 \rightarrow 4ClO_2 + Cl^- + H^+ + 2H_2O$

電　解： $ClO_2^- \rightarrow ClO_2 + e^-$

塩素酸塩イオン： $2ClO_3^- + 4H^+ + 2Cl^- \rightarrow 2ClO_2 + Cl_2 + 2H_2O$

塩素酸塩イオン： $2ClO_3^- + H_2SO_4 + H_2O_2 \rightarrow$
$2ClO_2 + O_2 + SO_4^{2-} + 2H_2O$

加えて副生成物および中間生成物が以下のようにして形成されることに留意すること。

副生成物の形成

塩素酸塩イオン： $OCl^- + ClO_2^- \rightarrow ClO_3^- + Cl^-$

$2ClO_2 + 2OH^- \rightarrow ClO_2^- + ClO_3^- + H_2O$

$ClO_2 + H_2O \rightarrow ClO_3^- + 2H^+ + e^-$

過塩素酸イオン： $ClO_3^- + H_2O \rightarrow ClO_4^- + 2H^+ + 2e^-$

$8HClO_3 \rightarrow 4HClO_4 + 2H_2O + 2O_2 + 2Cl_2$

臭素酸塩イオン： $ClO_2 + h\nu + Br^- \rightarrow BrO_3^-$

$Br^- + H_2O \rightarrow BrO_3^- + 6H^+ + 6e^-$

[Cl_2O_2] 中間生成物

※ Cl_2O_2 は ClO_2 に先立って形成される

$ClO_2^- + Cl_2 \rightarrow [Cl_2O_2] + Cl^-$

※高濃度で ClO_2 は最初に形成される

$2[Cl_2O_2] \rightarrow 2ClO_2 + Cl^-$

$[Cl_2O_2] + ClO_2^- \rightarrow 2ClO_2 + Cl^-$

※低い初期 ClO_2^- 濃度あるいは過度の Cl_2 は際立った量の ClO_3^- を形成する

$[Cl_2O_2] + H_2O \rightarrow ClO_3^- + Cl^- + 2H^+$

$ClO_2^- + HOCl \rightarrow ClO_3^- + Cl^- + H^+$

このようにして生成された二酸化塩素分子をそれぞれの「ガス移動技術」を用いて水溶液中に安定化させることで「二酸化塩素水溶

液」が作られていくが、その途中、例えば「ClO_2 ガスを生成する上での高純度化」がどこまで行われているか、あるいは、「ガス移動テクニック」はどのようになされているか、さらには「副生成物の最小限化」のテクニックをどこまで駆使しているか等々によって全く異なった二酸化塩素溶液となるであろう。

　さらに冒頭に記したように二酸化塩素分子は、二酸化塩素溶液中の活性成分として溶存し、反応すべき外因、即ち「反応誘発物質」例えば、H^+、紫外線、バクテリア、ウイルス、SO_2、CN^- 等が関わることにより遊離し、ClO_2 として得られるわけである。重複するが「二酸化塩素分子は、その外郭内において対になっていない電子が一つあり、そのためこの分子は常にハングリーな電子状態にあると考えられる。従って ClO_2 はバクテリアであれ、カビであれ、あるいは藻類であれ、何らかの substrate（基質）にアタックする際にタンパク質連鎖の subunit（亜粒子）、アミノ酸（特に芳香性または硫黄含有アミノ酸）から確実にある種の電子を取り除き、その結果としてこれらのタンパク質を変質させることとなる：

ClO_2 + e^- + ClO_2^-

生存微生物　タンパク質　変質タンパク質

$$\text{Aqueous } ClO_2 + H_2S \rightarrow ClO_2^- + S^0 + H_2O$$

フェノール構造

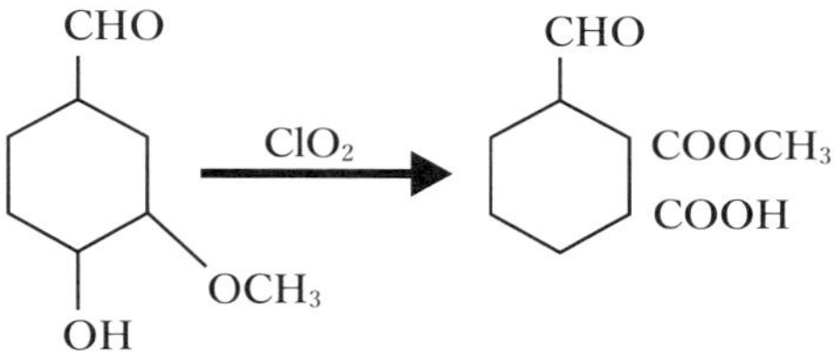
CHO
OH
OCH3
ClO2
CHO
COOCH3
COOH

ところで二酸化塩素水溶液の溶液中には遊離の ClO_2 分子そのものは、極少量の場合を除いては、水溶液中で溶解された形としては見出すことはできない。

この溶液は必要とする ClO_2 を発生させる物質に稀釈して適用するときと同じ手法において ClO_2 分子を生成する一つの ClO_2 発生システムであり、界面においてこの特徴は、驚くほど似ており、恐らくかなり遠くても誘引され、この複合した位置に潜んでいて単純な形で存在する。即ち、二酸化塩素水溶液を生成する第一段階では、安定化した溶液を通して気泡状に発生する遊離の ClO_2 ガスの発生である。そしてこのガスが溶液と接触するとき、無数のオキシクロリン（O-Cl）種が生成され遊離の二酸化塩素と交互に反応する亜塩素酸塩、塩素酸塩および数種の中間体を含んで発生する。このような安定溶液が平衡状態にあり溶液が濃厚な間は極く少量の遊離

ClO_2 が発生する状態となっていく。その後、濃縮液が一度稀釈されると ClO_2 形成に対する化学圧が引き出されて遊離ガスが発生することになる。一定の反応率における二酸化塩素の発生過程は、**図1**に示すような反応環境に適応して応用することができる。

◎図1

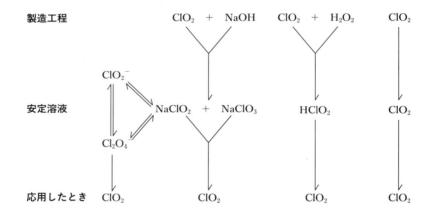

このような溶液中の遊離 ClO_2 の消耗は、この平衡の単一な Le Châtelier Shift（ル・シャトリエの原理シフトで、平衡にある物理系の外部条件が変化すると、系はその変化の効果をできるだけ小さくするように変化するシフト）による反応要素を補填することによって導かれる。もし ClO_2 の要求量が大きく、例えば、細菌が大量に存在しているようなときには、溶液からの ClO_2 発生率は過剰となる。このようなことが起きた場合は長い接触時間が必要とされる。接触時間を暫く保たねばならないとき、二酸化塩素水溶液の平

衡は最終稀釈濃度の pH を下げることにより遊離の ClO_2 の発生率を劇的に激しく増加できるよう巧みに調節することができる（このような操作を「二酸化塩素溶液の活性化」と呼んでいる）。

　微生物と二酸化塩素との反応は、微生物の完全な構造に作用するある種の酸性タンパク質の悪化した機能に焦点を合わせる。ClO_2 と最もよく反応する化合物は、自然界においてイオウや芳香環を含んだアミノ酸である（図2～4参照）。タンパク質の三次元構造におけるジスフィールド結合（－S－S－）が重要であるため、タンパク質の変性はこれらの最も重要な結合が酸化され、酵素的機能が編成されるためである。

　二酸化塩素の基本的な化学反応は、塩素化合物に見られるような塩素化反応ではなく、酸化反応である。このため二酸化塩素の反応から生ずる塩素化合物は、もし、生成されたとしても極少量である。さらに二酸化塩素水溶液は、脂肪族アミンや多糖類およびマレイン酸やフマール酸のような不飽和脂肪酸とは容易に反応せず、また一般に自然環境に存在する天然の糖類とは反応しない。事実、パルプ粉砕機の中で ClO_2 を使用する第一の理由は、セルローズ物質の温和な処理によるものである。

　ClO_2 は、タンパク質と反応する傾向はあるが、他にも容易に反応する物質があり、それらにはオゾン、シアン化物、硫化水素、ホルムアルデヒドおよびフェノール化合物が含まれている。もちろん、ClO_2 は他にも多くの化合物とも反応するが、必要な条件を緊密に討議する必要はない。

◎図2

Cystine　シスチン（アミノ酸の一種；毛、羊毛、角の硬質タンパク質）

$$COOH-CHNH_2-CH_2-S-S-CH_2-CHNH_2-COOH$$

$$\downarrow ClO_2$$

$$COOH-CHNH_2-CH_2-\underset{O}{\overset{\|}{S}}-\underset{O}{\overset{\|}{S}}-CH_2-CHNH_2-COOH$$

$$\downarrow$$

$$2\ COOH-CHNH_2-SO_3H$$

◎図3

Methionine メチオニン（タンパク質にあるアミノ酸の一種）

$$CH_3-S-(CH_2)_2-CH-COOH$$
$$|$$
$$NH_2$$

$$\downarrow ClO_2$$

$$CH_3-\underset{\underset{O}{\|}}{S}-(CH_2)_2-CHNH_2-COOH$$

$$\downarrow$$

$$CH_3-SO_2-(CH_2)_2-CHNH_2-COOH$$

◎図4

Tyrosine チロシン（タンパク質の加水分解によってできる結晶状アミノ酸）

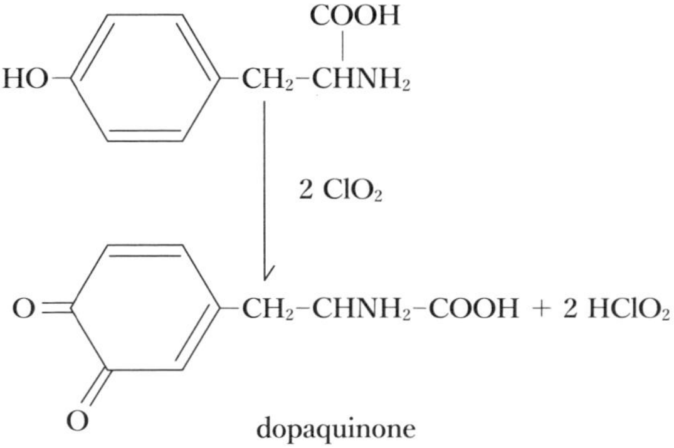

$$HO-\bigcirc-CH_2-\underset{\underset{COOH}{|}}{C}HNH_2$$

$$\downarrow 2\ ClO_2$$

$$O=\bigcirc=O \ -CH_2-CHNH_2-COOH\ +\ 2\ HClO_2$$

dopaquinone

ところで二酸化塩素が、低用量の投与で効果が得られることを知る上で重要な点は、二酸化塩素が他の製品と比べて「酸化力の強さ」と「酸化力の収容力」を比較することで理解できる。

酸化剤の比較

	酸化力の強さ（Volts）	酸化力のキャパシティ（電子移行）
O_3	2.07	$2e^-$
H_2O_2	1.78	$2e^-$
HOCl	1.49	$2e^-$
HOBr	1.33	$2e^-$
ClO_2	0.95	$5e$

「酸化力の強さ」は、酸化可能物質と酸化剤の反応が如何に強力であるかについての数値を示したものであり、従って最も強い物質はオゾンであり、酸化可能なあらゆる物質と強く反応することがわかる。オゾンに対して二酸化塩素は、最も弱い物質であり、次亜塩素酸あるいは次亜臭素酸よりさらに低いポテンシャルであることがわかる。

「酸化力の収容力」は、如何に多くの電子が酸化／還元反応の間を移行するかを述べた。なぜならば、二酸化塩素中の塩素原子は＋4の酸化数を持っており、二酸化塩素がもし塩化物へと還元するならば5電子を受け入れることとなる。従って分子量を明らかにすると二酸化塩素は263％の有効塩素を持ち、塩素の酸化キャパシティの2.5倍よりも多く観察されることとなる。

以下の化学反応式（1）および（2）は、二酸化塩素が反応すると何が起きるかを示しており、最初に二酸化塩素が1個の電子を掴んで亜塩素酸イオンへと還元する：

(1) $ClO_2 + e^- \rightarrow ClO_2^-$

そして亜塩素酸イオン自体は、それから塩化物イオンになるよう酸化／還元反応を経ることとなる：

(2) $ClO_2^- + 4H^+ + 4e^- \rightarrow Cl^- + 2H_2O$

これら化学反応式は、5電子を受け入れた塩化物へと二酸化塩素が還元することを論証していると共に、なぜ「塩素化された」化合物を形成しないかをも示している。塩素が反応するとき、それは電子を受け入れるだけではなく、一つ以上の塩素原子がそれ自身反応している物質中に「加えられるか」あるいは「置換するか」で付加と置換反応に関与することとなる。

このような反応の好例の一つに「三つの塩素原子を持つトリクロロフェノールあるいは"TCP"（tricresyl phosphate；リン酸トリクレシル）を生成するためのフェノール環に加えられるフェノールとの塩素反応がある。二酸化塩素が塩素化反応をすることなくフェノールを酸化させるのは、実はこの理論に基づくものである。当該化学反応の実際は、化学反応式から塩素原子が安定した塩化物を形成するまで反応を続けることを明らかに見極めることができる一つの例証である。

古くから廃水の消毒用にも「塩素の使用」がアメリカ国内で日

常的に行われていたが、その使用に関連した毒性副産物のポテンシャルが確実と認められてきたため、また消毒を行うに当たって確かな状況下でプロセスの効率の低さが認められてきたため代替消毒が考えられるようになってきた（Davenport, 1946；Synah 等, 1944；Tittlebaum 等, 1980；Vajic, 1979）。これらの代替消毒の一つに、主に水道水の処理に用いられている二酸化塩素の使用がある（Palin, 1948；Vajic, 1979）。二酸化塩素が他の消毒剤、例えば、ハロゲン消毒剤などと比較しても多くの利点を持っている中で、特に有機物質とは反応するがアンモニアとは反応しないことにあった（Malpas, 1973）。加えて二酸化塩素は、高濃度のあるいは変化する遊離のアンモニア濃度とも水中でも優れた消毒パワーを発揮することにある（Dowling, 1974；Palin, 1948）。しかもそれはフェノール臭気の除去に用いたり（Dowling, 1974；Synah 等, 1944；Ingols, R.S. & Rideneour, G.M., 1948）あるいは木材業から排出される水の汚染、さらには野菜質、木質あるいはカビ臭のような不快な臭いまたは味を説明することさえできることにあった（Ingols & Redenour, 1948；McCarthy, 1945；Stevens 等, 1976）。

殊に二酸化塩素の殺ウイルス特性は大変優れており（Dowling, 1974；Tift 等, 1977）、例えば、二酸化塩素は塩素あるいはオゾンのいずれよりも遥かにポリオウイルスに対しても効果的である（Hettche & Ehlbeck, 1953）。さらに Tift（1977）によれば、ポリオウイルスのみならず、他の細菌ウイルス f2 および X174 に対しても塩素と二酸化塩素の間の相乗効果を示している。

その一例として Mogden Sewage Treatment Plant（モルデン下

水処理場）から採集した下記のような廃水を−12℃で貯蔵し、その一部分を解凍して Department of Microbiology, University of Surrey, Guildford, surrey. UK. でテストし、その特徴を**表**に示す。

◎新しいそして解凍した廃水の物理的・化学的特性

特　　徴	新しい廃水	解凍した廃水
pH	7.5	8.1
浮遊物 (mg/L)	8	10
アンモニア−N (mg/L)	1	0.85
BOD (mg/L)	6	6.11
COD (mg/L)	7.5	8.1

雄菌特異バクテリアファージ f2 およびポリオウイルス type 1 について粉末状の塩素酸カリウムとシュウ酸と少量の水を混合し過熱することで準備し、水中へ生成した二酸化塩素を溶融させてテストした。二酸化塩素の DPD 法によって分析確認した濃度でテストしたが、バクテリアファージ f2 は、ポリオウイルス type 1 より二酸化塩素に対してより抵抗力があった。即ち、バクテリアファージ f2 の 99.9％の不活性化を成就するため最大 4mg/L の消毒剤が必要であったのに対し、たった 2mg/L でポリオウイルスの不活性化は同程度の目的を達していた（**表1**および**表2**参照）。

◎表1　廃水中の異なった懸濁性浮遊物の濃度の存在下での二酸化塩素によるバクテリアファージ f2 の不活性化（pH4；5.0℃）

ClO$_2$ レベル (mg/L) 5分後	懸濁性浮遊物質濃度 (mg/L)	f2 接種 (log pfu/mL)	Recovered f2 (log pfu/mL)		生存率（%）	
			5分後	30分後	5分後	30分後
0.00	10	4.65	4.02	4.00	23.11	22.44
2.00	10	4.65	3.41	3.30	5.67	4.44
2.00	23	4.65	3.77	3.74	13.33	12.33
2.00	76	4.65	3.92	3.89	18.60	17.11
2.00	92	4.65	3.98	3.96	21.24	20.73

　一方、不活性化率は、廃水中のペプトン濃度には、それほどの影響を受けていなかった（**表2**参照）。ペプトンは、二酸化塩素の殺ウイルス効果において廃水中の有機物への高価を調べるために加えたものであった。

◎表2　廃水中の異なった濃度のペプトンが存在するときの二酸化塩素によるバクテリアファージ f2 の不活性化

ClO$_2$ レベル (mg/L) 5分後	ペプトン注入 (mg/L)	f2 接種 (log pfu/mL)	Recovered f2 (log pfu/mL)		生存率（%）	
			5分後	30分後	5分後	30分後
0.00	22	4.65	4.01	3.98	22.67	21.24
1.6	22	4.65	3.25	3.30	3.96	4.44
1.6	44	4.65	3.19	3.10	3.47	2.80
1.6	66	4.65	3.39	3.30	5.42	4.44
1.6	110	4.65	3.25	3.021	3.96	3.62

　ウイルスに対しての消毒作用がウイルス性 capsid（キャプシド＝ウイルスの核酸を包むラセン状または多面体の構造を持つタンパ

ク質）に対して特性吸着によって働くメカニズム（Dowling, 1974）と当該選択的吸着は、正確に調整された残留値に必ずしも影響されず、ウイルスの表面の高いローカル濃度に帰することで消毒剤の見掛け有効値がアカウントされたと考えられる。

第5章

二酸化塩素溶液の活性化並びに活性剤との相性

　アメリカの 21CFR 173.325 によれば Acidified Sodium Chlorite（酸性化した亜塩素酸塩）あるいは EPA Reg. No. 9804-1 等では Activated Solution（活性化した溶液）等の語句に常に接する。これらの語句は、いずれも亜塩素酸溶液あるいは二酸化塩素溶液を予定した濃度に稀釈する前に GRAS（Generally Recongnized as Safe；一般に安全と認められた）酸をこれら溶液に添加することを意味する。

　一般的に二酸化塩素水溶液とは、緩衝化された水溶液に二酸化塩素ガスを溶存させ本質的に「塩」のように変換させることで輸送あるいは長期間にわたる保存に耐える状態として製品化されたものを指す。しかし、実際の使用に当たっては二酸化塩素の化学特性をフルパワーで引き出してやる、即ち、安定化した「塩」からガス体を取り戻してやる必要がある。このように「塩」からガスを取り出すには、当該水溶液の pH を予め決められている特定レベルまで下げてやることで実行可能となる。このような操作を"活性化"あるいは"酸性化"と呼んでいる。即ち、上述したように食品グレードの GRAS 酸を活性剤として二酸化塩素溶液を目的とする濃度に稀釈するに先立って添加することで、安定化していた二酸化塩素分子を遊

離させる。活性化がなされたか否かは、溶液中で二酸化塩素分子が遊離したか否かであり、これは該当する溶液の発色現象、即ち、溶液中に黄色が濃く表れたと判断されたとき活性化は始まった。なお、活性化した濃縮液は可溶限度を超えたガスが当該溶液から漏出するので、このような作業は必ず空気の流通がある場所で、しかも、NIOSH/MSHA が認定したウイルスを含んだ飛沫の侵入を防ぐことができる高性能なマスクを着用して注意深く行い、且つ、5～10分以内に希望する濃度へと稀釈するようにすべきである。

なお、二酸化塩素水溶液を「活性化する／活性化しない」は、その用途によって変わってくることに留意する。

活性化した二酸化塩素溶液	非活性化の二酸化塩素溶液
バクテリアの問題解決 《素早く、完全な殺菌》 特筆：CIP-Food contact	《一般的な》 スライムおよび臭いの制御

活性化の選択

活性化は通常、クエン酸、塩酸あるいはリン酸を加えることで行われ、その反応は以下の通りである。

(a) クエン酸：$5NaClO_2 + 4C_5H_7O_5(COOH)$
$\rightarrow 4ClO_2 + 2H_2O + 5Na^+ + [C_5H_7O_5COO]$

(b) 塩酸　　：$5NaClO_2 + 4HCl \rightarrow 4ClO_2 + 2H_2O + 5NaCl$

(c) リン酸　：$15NaClO_2 + 4H_3PO_4$

$$\rightarrow 12ClO_2 + 6H_2O + 3NaCl + 4Na_3PO_4$$

しかしながら、工業用水などに応用した場合、リン酸を使用することで富栄養化問題※と繋がることが危惧されるためこのような問題を考慮して、用途に応じて「活性化」に用いる薬剤を次のように選択することが必要である：

1) 食品加工工場などでの使用はクエン酸あるいは塩酸を推奨する。
2) バイオフィルムの制御などを目的とする工業用あるいは室内プールまたは浴室等への適用では次亜塩素酸あるいはオゾンとの併用を薦める（反応式は以下の通り）。

(a) 次亜塩素酸：$ClO_2 + HClO = ClO_3^- + H^+ + 0.5Cl_2$
$$ClO_2 = 0.5Cl_2 + O_2$$
(b) オゾン　　：$2NaClO_2 + O_3 + H_2O = 2NaOH + 2ClO + O_2$

特に温浴施設におけるバイオフィルムの制御には、次亜塩素酸ソーダの併用が効果的であるが、二酸化塩素をこのような用途に用いたとき、二酸化塩素がバイオフィルムの層の中に侵入することでバクテリアを保護していたバイオフィルム層が剥離し、循環系等に

※富栄養化問題：工場や生活排水によって湖沼や海に窒素やリンなどの栄養塩類が過剰に溶け込み、水質が悪化し、生態系に深刻な影響を及ぼす問題。

流れ込むため一時的にバクテリアカウントが上昇することに留意すべきである。

活性剤との相性

活性化とは少しく異なった観点からの問題であるが、筆者はこれまで二酸化塩素製剤と「活性剤」との相性について化学的実験のデータ類には目を通したことはないが、顧客等の活用状況からして二酸化塩素製剤は、ほとんどの活性剤と融和性があるのではないかと推測される。参考までにこれまで見聞きした論文等の中で記憶に残っている「活性剤との実例」を以下に述べる。

※二酸化塩素等塩素化酸化物種と活性剤の反応で、例えば、臭素と中間生成物とが組み合わさったとき、Cl_2O_6 が生成したとき、熱的にその後分解して中間生成物となる。正しくは、6酸化物と呼ばれたとき「光分解反応」をし、且つ、熱によって分解反応を達成する。

※二酸化塩素あるいは亜塩素酸塩が最も古くから用いられている業界の一つにパルプ業界があり、そこでの木材パルプ製造工程で使用されている。このような場合において、ある工程で酸性活性剤、例えば、酢酸：$C_2H_4O_2$、リン酸：H_3PO_4 あるいは硝酸：HNO_3 と金属－塩素酸塩の反応によってその場で形成させ用いられることがある。その限定的コンディションとしては：$t° < 150℃$；1気圧＜P＜11気圧、そして $pH < 1$ において使われている。

※また一般的な織物の世界でも二酸化塩素製剤と活性剤とが併用されることがあると耳にしたことがあるが、それは繊維の漂白作業工程において低温で亜塩素酸塩漂白を行うとき、織物ファイバー

に対しての漂白は難しいのでギ酸：HCO_2H のような活性剤を用いることによって効果が見られる。

等があるが、しかし、残念ながら「洗剤」等を製造する上で用いられる「界面活性剤」との相溶性については、現場においてのテストが不可欠といえるだろう。

第6章
二酸化塩素製剤とその測定について

　通常、二酸化塩素の測定は、**表**に示した測定法が一般的な方法として公知の滴定法に認知されている。

◎二酸化塩素の測定法

	DPD／グリシン法	クロロフェノール・レッド	直接吸光度法	ヨード滴定法	電流滴定法
方　法	比色法	比色法	比色法	滴　定	滴　定
働　き	グリシン塩素除去：ClO_2濃度に対応しての彩度、ClO_2がピンクカラーになる。	クロロフェノール・レッド指示薬でClO_2を漂白。漂白の程度はClO_2濃度に対応する。	ClO_2の直接測定は350から50Nmの間で測定する。	二試料の内の一つを取り出しClO_2を除去するためN_2をスパージする。pH7で他の試料にKIを添加し、無色となる終末点まで滴定する。pH値は2より低く、色が変わるまで滴定を続ける。この滴定はスパージサンプルを繰り返す。	
範　囲	0.5 - 5.0ppm	0.1 - 1.0ppm	100 - 1,000ppm	> 1ppm	< 1ppm
干　渉	酸　化	な　し	色の濁り	酸　化	
複雑性	シンプル	適　度	シンプル	適　度	高　い
必要器材	分光光度計または比色計			滴定器具	電流滴定器
EPAの現状	是　認	未許可	未許可	未許可	是　認
推　薦	辛うじて満たしている	肯　定	辛うじて満たしている	肯　定	辛うじて満たしている

［注］上記のDPD／グリシン法としてHACH社の「ポケット水質計」を推薦する。

一般に二酸化塩素製剤あるいは亜塩素酸塩製剤と呼ばれている製品の多くは oxychlorine-species 即ち ClO_2^-, $HClO_2$, ClO_3^-, $HClO_3$, ClO_4^- およびその他の複合体が含まれた ClO_2 溶液と平衡状態を保っていると考えられる。このような溶液は、一般に水中に溶解したものを指し、おそらく ClO_2 溶液として最高の状態を保っており、溶解した ClO_2 溶液と上記溶液中の ClO_2 の遊離ガスとの間は常に平衡を保っているはずである。そしてこれら溶液中に、例えば、バクテリア、菌類、スライムあるいは H_2S のような化学物質が存在することで ClO_2 が消費されつくすと、このような平衡理論によって急速に補充され以下のようになっていく。

例えば	$A + B \Leftrightarrow D$
は	$Keq = D/AB$
であり、	$Keq = $ 持続的なものと解釈すべきである

反応式	$ClO_2 + H_2S$
1）ClO_2 が過剰な場合	$4H_2O + 8ClO_2 + 5H_2S \rightarrow 5SO_4^{2-} + 8Cl^- + 18H^+$
2）ClO_2 が少ない場合	$3H_2O + 6ClO_2 + 5H_2S \rightarrow 5HSO_3^- + 6Cl^- + 11H^+$
3）ClO_2 濃度が低い場合	$2ClO_2 + 5H_2S \rightarrow 5S^0 + 2Cl^- + 4H_2O + 2H^+$
そこで生成物は：	SO_4^{2-}, HSO_3^- または S^0 となる

成分の確認

二酸化塩素溶液を入れたドラム缶からの溶液を測定する場合、ドラム缶の上部の溶液と下部の溶液で濃度の違いがあることに気付いた人がいた。そこで当該静置されていたドラム缶の中の二酸化塩素溶液を抜き取り精査したところ以下のような違いがあることがわかった。即ち;

◎静置したドラム缶内の二酸化塩素溶液のサンプルの変化度合

上部のサンプル（pH 8.33）	下部のサンプル（pH 8.34）
滴定1：濃度 ＝ 2.082%	滴定1：濃度 ＝ 2.083%
滴定2：濃度 ＝ 2.079%	滴定2：濃度 ＝ 2.082%
滴定3：濃度 ＝ 2.081%	滴定3：濃度 ＝ 2.076%

このような濃度の変化は、実は温度の変化と少ない量の測定（それらの滴定に必要とするマイクロリッター量）の誤差に関連した事実によると考えられる。これはドラム缶内の異なった部分（上部と下部）の温度差等が大きく作用していることに留意する。そのために私共（バイオサイド・グループ）が支持する二酸化塩素測定法の一つである滴定法を用いて、温度変化に左右されないように滴定するときはweight/weight法を、温度が単一の場合はvolume/weight法を用いる。冬季における二酸化塩素水溶液1mLは、夏季の同じ溶液より濃い濃度として滴定されてしまう。それゆえ、もしvolume/volume法を用いている場合は、液体の温度が比較する二つの表示度数を維持することが重要となってくる。市販されている一般の化学製品のほとんどがweight/weightベースで販売されて

いるのはこのような理由によるものである。

さらに二酸化塩素溶液は、上記の平衡理論に加えて精査していくに従ってこれら溶液中には陽イオンのK^+およびNa^+の存在のみならずCO_3^{3-}やHCO_3^-のような炭酸塩類の存在も明らかになってきている。そして塩素の含有が実存するこれらより複雑化された状況下で二酸化塩素、亜塩素酸塩、塩素酸塩および塩化物は、例えば、イオンクロマトグラフィ法等で同定できたが、複合種属であるCl_2O_4や単なるCl_2、OCl^-およびClO_4^-等の同定は未解決であるのが実情であった。

このような事実から当初考えられたイオンクロマトグラフィやU.V. Spectro-photometric法では確認できないことがわかり、そこで新たにAAS法、IR法、UV法、さらにはPowder Diffraction X-Ray法と進められてきたがいずれも一長一短があり、結果、ESR法に勝るものがないことが明らかとなって今日に至る。

第1章「2．水道水への応用」で少し触れたが今一度、二酸化塩素の安定性について試験方法も含めて述べておく。一般的にはあまり審議されることはないが、薬事法（現 薬機法）などの許認可取得においては大切な項目の一端となる。そして当該安定性は製品の品質を保証する上で、必ず安定性のテストをする必要性に迫られる。

即ち、二酸化塩素水溶液の安定性に対する試験方法並びに試験期間は一般的に「長期保存試験」および「過酷試験」さらには「加速試験」が用意されており、**表**の条件に従って行われる。

	温度	湿度	光度	包装状態	期間	回数
長期保存試験	室温	−	遮光	500mLポリエチレン製容器	3年	7回
過酷試験	室温	−	2,000Lux [a]	同上	1カ月	4回
加速試験	40±1℃	75%RH±5% [b]	遮光	同上	6カ月	7回

[注] [a]：散光は陽光ランプを用い、約2,000Luxに調整し使用する。
[b]：加温・加湿は40℃±1℃、75%RH（±5%）にて調整。

　試験方法は、長期保存試験は6カ月毎に1回計7回、過酷試験は10日毎に1回計4回、そして加速試験は1カ月毎に1回計7回にわたり行うことになっていて、それぞれの性状、濃度、比重、pHの測定をする。

第7章
二酸化塩素の実用化

1. 二酸化塩素溶液の効能効果

　1989年4月、アメリカのJournal of Industrial Microbiology, 4(1989) 145-154 に Department of Botany and Microbiology, University of Oklahoma, OK, のラルフ・S・タナー教授（Dr. Ralph S. Tanner）が発表した論文は、当時大変な反響を呼んだ。表題は「殺菌剤の比較テストとその評価」[34]であり、テストに使われた殺菌剤は次亜塩素酸ソーダ、二酸化塩素溶液、ヨウ素、過酸化水素、グルタルアルデヒド、四価アンモニウムおよびフェノールが用いられており、「黄色ブドウ球菌」、「緑膿菌」および「ビール酵母」に対してそれら殺菌剤の能力を A.O.A.V. 法に基づく方法でテスト細菌に対してその効果を確認し、それぞれのテスト細菌に60秒間接触させた後の各種殺菌剤の効果を比較した。その結果を**表1**に示す。

　当該試験の結果、タナー教授は概要として「本試験の結果から一般にハロゲンベースの殺菌剤が、このような用途で大きな効果を期待できる。特に今回の試験では二酸化塩素を含有する化合物が最も

殺菌力に優れていることがわかった」と述べた。

◎表1　60秒間曝露にて99.999%殺菌効果を得るための各種殺菌剤の濃度

殺菌剤 (mg/L)	テスト微生物		
	緑膿菌	黄色ブドウ球菌	ビール酵母菌
次亜塩素酸ソーダ1	1,000	1,000	1,000
次亜塩素酸ソーダ2	820	820	1,600
亜塩素酸ソーダ3	1,300	300	640
二酸化塩素溶液	48	93	95
ヨードフォル	440	440	450
過酸化水素	36,000	68,000	270,000
グルタルアルデヒド フェノール	2,300	1,200	620
グルタルアルデヒド酸	1,600	2,200	18,000
Quat	580	140	74
酸性Quat	150	1,200	300
フェノール	1,500	380	190

　その他様々な微生物に対する殺菌試験、例えば、一般的なバクテリアについては「大腸菌O-157」に対して5ppm濃度の二酸化塩素溶液に60秒間の接触時間で、「キャンピロバクター」に対しては50ppm濃度で30秒間の接触、「レジオネラ・ニューモフィラ」に対しては41ppm濃度で60秒間、MRSAに対しては500ppmで10分間、結核菌に対してはMRSA同様500ppmで10分間というように、またカビ類に対しては「カンジダ・アルビカンス」に対して100ppmで60秒、「毛瘡白癬菌」に対して同様500ppmで60秒間、「ケカビ属」に対して500ppmで30秒間、Aspergillus niger（アスペルギルス・ニガー）に対して100ppmで60秒間、さらにウイル

ス類に対してはB型肝炎ウイルスに対して125ppmで2分間、鳥インフルエンザウイルスA（H_3N2）に対しては500ppmで10分間、HIV Virus Type 2に対してもやはり500ppmで10分間、豚インフルエンザウイルスH1N1に対しても同様500ppmで10分間、ネコカリシウイルス（ノロウイルスの代替）に対しても同様500ppmで10分間と発表されており、そして最近問題化しているヒトコロナ・ウイルス（ATCC VR-740, 229種）に対しては500ppm濃度の二酸化塩素溶液に5分間の接触でU.S. EPAによって要求されていた通り力価≥ 3 $\log_{10}$ の削減を示していた等々のデータを入手している。

「理想的な殺菌剤」とは上述した殺菌効果等の他にどのような評価基準に従って評価をくだすべきなのか？いくつかの「評価基準」が考えられるが、それは以下のカテゴリー、即ち「環境問題」、「安全性」および用途毎の「効能効果」並びに「消毒後のバクテリアの再生問題」そして「経済性」等を含んでの「実績」についてであろう。

環境に対する問題点：二酸化塩素は副作用反応が最小限であって、反応生成物としてその副産物もほとんどなく、またこのような反応生成物の無い環境を作り出すところが大きな利点である。

如何なる有機分子も一部またはそれらの全てを代謝させることで一つあるいはそれ以上のバクテリアを生存させるという意見が一般的とされてきた。しかしながら、いくつかの分子、取り分けハロゲン化した炭水化物のその全てがバクテリアによって非常にゆっくりではあるが代謝していくことが明らかとなってきている。これは環

境上、塩素化した炭化水素の積み重ねの結果、もたらされたものである。2000年前半まで支配されていたバクテリア進化理論は、ハロゲン化された合成分子が、もし、それ自体現実に発生しそれらが現実に発生する当該分子と構造的に類似しているならば、最終的には分解するとの定説であった。しかし生物分解に対し、実際に抵抗力があること以外にこれら塩素化された炭化水素の多くが様々な生物に対し毒性があることが立証されてきた。このような要素が、例えば塩素系溶剤であるハロゲンカーボンの使用によって一つ以上環境上の変化をもたらすことがわかってきた。

ハロゲン化した夥しい量の炭化水素が、クーリングタワー等において水中に溶存する有機物とガス状化した塩素を含む塩素あるいは臭素ベースの殺菌剤との反応の結果生成される。これら汚染有機物がクーリングタワーに、または石油精製所あるいは石油化学プラントからの工程上の漏出の結果として、浮遊汚染物質あるいは補給水中に存在する天然生成有機物として顕れることとなる。

THMsの問題に加えてTOX（Total Organic Halides；全有機ハロゲン化合物）の量が二酸化塩素で処理したシステム内では極端に低くなり、存在さえしなくなることが明らかとなってきている。

さらに相対毒性について議論する場合、四つの局面、即ち、消毒剤の相対毒性、消毒剤の半減期、その副生成物の相対毒性並びに反応生成物の相対毒性の四点がある。副生成物と共に遊離残留塩素は、水生生物に対して毒性を現す。クロラミンもまた水生生物に対して非常に毒性を有している。加えて有機塩素はあまりにも毒性の強いことでよく知られている。

水生生物に対する二酸化塩素の毒性についてもこれまで様々な議論がなされてきたが、一部を除いてほとんどの研究者から、塩素よりも数倍も毒性が低いとされている。毒性が低いと報告された論文の裏付けとなっているのは、二酸化塩素の発生で生成する亜塩素酸塩から二酸化塩素の毒性が分離することはないとの見解に立脚した（立場を定めた）ものである。

　二酸化塩素の酸性化副生成物である亜塩素酸塩は、通常、50ppmより低いレベルを動物に与えたとき、酸化（溶血性）ストレスの徴候を見たとの報告がある。しかし感染し易い固体に対する酸化ストレスは、1.0ppmと設定された水道水中で全二酸化塩素、亜塩素酸塩または塩素酸塩のリミットとして左右されることから米国環境保護庁（EPA）等で当該数値を設定している。

　消毒後のバクテリアの再生：安全性並びに効能効果についてはまだまだ不足かも知れないが、**第3章並びに第7章「1．二酸化塩素溶液の効能効果」**としてこれまでにも述べてきた。従って当該に項目は省き、ここではバクテリアの再生問題について述べる。

　高度な塩素処理の極めて有機的な相加システム内で、バクテリアの急速な再増殖減少が大変多く確認されている。殺菌消毒後どれほど早くバクテリア群が再確認されるかは非常に重要な問題であり、「バクテリアの再生」と呼ばれ関係者の関心を集めた。これまでの研究によれば、塩素による廃水処理施設では、殺菌消毒後、該当する施設でのバクテリア群の再確認が他の場合と比べて著しく早いことで知られる。しかし共に消毒した同じ流れの中で二酸化塩素を用いた場合、バクテリアの再生が随分と遅いことがわかった。同様の

現象が、一種の臨界熱交換機の汚染問題を取り組むフェノール破壊を用いたクーリングタワー内でも観察された。二酸化塩素をこのような熱交換機の直前で投与したことにより熱交換機の清潔度を保つことが明らかとなり、二酸化塩素導入前には温度のアウトレットプロセスでレベルを保つことができなかったが、二酸化塩素を投与して一週間後でさえ、それは止まったままであることが確認されている。

経済性：二酸化塩素は、優れた効能効果を発揮するかも知れないが、コストが合わない等との話をよく耳にするが、いかがであろうか？

それは二酸化塩素製剤と次亜塩素酸塩の1L当たりの単価を単に比較しているからに過ぎない。事実、例えば二酸化塩素で処理したカット野菜の後濯ぎは、次亜塩素酸塩の場合、30分もかかるのに対して、二酸化塩素処理の場合は、たった5分間で十分であることが証明されている。それは二酸化塩素の性質によるもので殺菌処理をした後、簡単な濯ぎのみで安全が保障されているからである。即ち、後濯ぎの時間が少なくて済み（作業時間の短縮でコストが軽減され）、なお且つ、水道水の使用量が少なくて済むことから、結局はコスト削減へと繋がっていくことが証明されている等が重要である。

また例えば、工業用クーリングタワーの殺菌剤として理想的な選択肢として二酸化塩素に勝るものはないことが段々と理解されてきたが、上記のカット野菜の場合と同様、塩素の代替えとして用いる

のにコストに不安を抱くユーザーがいることは事実である。

　確かに二酸化塩素の使用コストは、ガス状塩素と比較した場合、数倍あるいはもっと高くかかるのは事実だが、上記カット野菜同様、二酸化塩素は塩素の代替足り得る利益を出すことできる。実際に大いに汚染されたシステムに対して二酸化塩素の使用コストは塩素のライバルとなり得るかを考えてみる。そして、例えばカット野菜に塩素剤が残留した場合は、安全性の問題等に苦慮しなければならないが、二酸化塩素では決してこのような問題に頭を痛めることすらないということに留意したい。

　実績： 対象微生物に限らず、それらに対して高い LD_{50}（Lethal Dose 50% kill ＝試験動物の群れの50％を致死させると期待される経口投与量、即ち、半数致死量をいう）でもって目標とする微生物を素早く殺菌する力を示さなければならない。特にこのような目標のうち、例えば、バイオフィルムを除去し、システムをきれいに保つこと等幅広い効果をも考慮すべきである。

　最後に2001年に米国環境保護庁（EPA）が発表した「容認された適用法」に記載された適用法等を述べておきたい。

　その一つに「足および口腔内の病気のコントロール」をするために二酸化塩素製剤を使用するべきAPHIS（Animal and Plant Health Inspection Service of USDA：米国農務省動物・植物検疫局）によって修正された連邦殺菌剤・殺真菌剤および殺鼠法の第18節

の条項化において検疫免除を認めるが、以下の状況下においては制限を受けなければならない場合がある。

　USDA/APHIS は、当該免疫の全ての条項に合致する保証をする責任がある。それはまた 40 CFR 166.32(b) に従って与えられた情報の責任を伴うものでもある。当該情報は、上記有効期限である 6 カ月以内に米国環境保護庁（EPA）本部に提出しなければならない。

　その上で以下の項目の汚染防止に二酸化塩素溶液を用いることができる。

- 農機具と食肉解体処理機器
- 軍隊の装備品
- 履物と衣服
- 農業施設
- 隔離施設
- 船積み輸送機関
- 全ての航空機
- 脚および口腔内の疫病ウイルスに潜在的に汚染される他の様々な非食品あるいは固い表面

但し、「全ての処理は病虫害防除剤の適用に承認されたとして公認された VMOs（Venterinary Medical Officers；獣医学検疫官）あるいは PPQ（Plant Protection and Quarantine；植物保護および検疫官）の直属下のいずれかで認められた場合においてである」としている。

【参考資料】

(1) International symposium on chlorine dioxide, American Chemistry Council (Feb. 2001).
(2)「代替消毒剤の実用化に関するマニュアル」,公益財団法人水道技術研究センター.
(3) COMMITTEE REPORT：Options for taste and odor standard, AWWA Water Quality Division Taste And Odor Committee, Journal AWWA, Vol. 94, No.6, pp.80-87 (June 2002).
(4)「代替飲料水の殺菌」, Dissertation Abstracts International, Vol.45 (Aug. 1984).
(5) The effect of chlorine dioxide on waterborne cryptosporidium parvum, Chemical Manufacturers Association Report (April 1996).
(6)「現場からの報告書(温浴施設への利用)」,日本温泉管理士会会誌, No.50 (2014).
(7) 品質管理提案書「食品安全と製造工程について」,公益社団法人日本食品衛生協会.
(8) Waterborne outbreak control：Which disinfectant?, Environmental Health Perspectives, Vol.46 (1982).
(9) Environmental fate of sodium chlorite in soil, International Symposium on Chlorine Dioxide (Feb. 2001).
(10) 二郷俊郎ほか「二酸化塩素による食品中に発生するケナガコナダニの殺ダニ効果」.
(11)「空気清浄機使用による空中除菌テスト」,北里環境科学センター (2020年).
(12) Proven waterborne plant pathogen control for the horticulture industry, Bio-Cide International, Inc.
(13)「二酸化塩素の病原菌への効き目の立証」, Protectant

Technology.

(14) Inactivation and mechanisms of chlorine dioxide on Nosema bombycis, Journal of Invertebrate Pathology, 104 (2010).

(15) Test for control of sugar inversion, Central Azucarrera De Tarlac (1978).

(16) Microbial attachment and biofilm formation : A new problem for the food industry?, Bio-Gram (Dec. 1994).

(17) Control of biofilm in cooling towers with ClO_2, Fourth International Symposium on Chlorine Dioxide by AWWA Research Fundation, USEPA (2001).

(18) Effectiveness of ClO_2 as a waste-water disinfectant, Civil Engineering Department Stanford University of California (1978).

(19) The use of chlorine dioxide for zebra mussel control – A Perspective of Treatment Histories (1998).

(20) Disinfection effect of chlorine dioxide on viruses, Algae and Animal Planktons in Water (1997).

(21) Cleaning and disinfection of equipment for gastrointestinal endoscopy, Report of a Working Party of the British Society of Gastroenterology Endoscopy Committee (1998).

(22) Sterilising solutions for heat-sensitive instruments, Professional Nurse, Vol.13 (Oct. 1997).

(23) 「透析装置における消毒剤としての二酸化塩素の検討」, 東京医学社,『腎と透析』別冊 (1997).

(24) Improvement of the air quality in student health centers with chlorine dioxide, International Journal of Environmental Health Research, Vol.20 (April 2010).

(25) The bactericidal effects of an acidified sodium chlorite-containing oral moisturizing gel : a pilot study, Journal of Oral

Implantology (2013).

(26) Antimicrobial activity simulation – Affaid Waste Processor, R&D Testing Report (1989).

(27) Office of public engagement (2020).

(28) 殺ウイルス効果の懸濁液テスト (2020年).

(29) 観賞魚の安全性テスト.

(30) ClO_2 Chemistry overview：Is all ClO_2 created equal?, Miami University Oxford, International Symposium on Chlorine Dioxide (2001).

(31) The toxicological profile regarding chlorine dioxide and chlorite, Guide-lines of ATSDR and EPA (April 1987).

(32) Toxicological review of chlorine dioxide and chlorite, IRIS, EPA (Sep. 2000).

(33) An evaluation of the corrosive effects of chlorine dioxide for potato storage pathogens, Michigan State University (1986).

(34) The estimate and comparative test of germicidal agent, Journal of Industrial Microbiology, 4 (1989).

あとがき

　世界の民間航空 IATA（International Air Transport Association；国際航空運送協会）の機内の消毒および機内で使用される飲料水等の消毒に二酸化塩素が指定されていることをご存知の方々は非常に少ないと思われます。

　なぜ二酸化塩素が取り上げられたかを調べてみますと、世界各国に拡がる民間航空機の機内で使用されている水は、その出発地の国の水を用いています。それらには軟水、硬水等の問題に限らず、水の種類のほか、その地で生まれる微生物が多く含まれている等の問題を抱えています。

　従ってその飛行機を利用する我々は、出発地の水を利用せざるを得ない状況であり、どんな病原菌に出喰わすかわかりません。そのため世界の人々が利用する航空機内の安全を守るためにも安心できる消毒剤での処理をしなければならず、世界の人々の安全が保障されている二酸化塩素が選ばれたわけです。

　私共は、凡そ50年の長きに亘って二酸化塩素を取り扱ってきましたので皆様に少しでも多くの二酸化塩素の用途や知識、安全性などを知って頂きたいと斯かる書物に着手した次第です。

　是非とも一人でも多くの皆様に読んで頂きたく、また二酸化塩素の専門家（エキスパート）の力をもお借りしてこの本をまとめました。どうかお目通しの上、ご意見を御聞かせ頂ければ幸でございます。

2025年2月

丹羽 一郎

◎執筆者略歴

丹羽 一郎（にわ いちろう）
株式会社バイオサイド・ジャパン
1935年　愛知県小牧市に生まれる。
中京大学商学部卒業、卒業後母校の高校で教鞭を執る傍ら学習塾を経営。
1970年　父親の病を機会に、父親が経営する大和物産株式会社（本社：愛知県名古屋市）に入社するも、地方の商社の日々に飽き足らず、学生時代の経験を踏まえ渡米し、アメリカの化学会社と提携等に励む。
1973年に縁あって当時の Bio-Cide Chemical, Inc. OK の社長である Mr. Bob C. Danner と知り合い、彼の扱っている二酸化塩素に惹かれ、今日に至る。
翻訳に『二酸化塩素』（W.J.Masschelein 著）［化学工業日報社（2023年）］がある。

知っておきたい 二酸化塩素の基礎と実例
―用途・安全性・化学的概要

丹羽 一郎 著

2025年2月25日　初版1刷発行

発行者　佐藤　豊
発行所　株式会社 化学工業日報社
〒103-8485　東京都中央区日本橋浜町3-16-8
電話　　03（3663）7935（編集）
　　　　03（3663）7932（販売）
支社　大阪　支局　名古屋、シンガポール、上海、バンコク
HPアドレス　https://www.chemicaldaily.co.jp/

印刷・製本：昭和情報プロセス㈱
DTP・カバーデザイン：㈱創基

本書の一部または全部の複写・複製・転訳載・磁気媒体への入力等を禁じます。
©2025〈検印省略〉落丁・乱丁はお取り替えいたします。
ISBN978-4-87326-776-0　C3043